神戸・三宮 Ça marche

西川 功晃

素材から生まれる
パンの技術と感性

8種類の生地と 62種類のバリエーション

旭屋出版

はじめに

パン職人として人生をスタートさせてから、40年の月日が流れました。

パン作りのいろはを授けてくれた恩師、ともに切磋琢磨した仲間、すばらしい素材を届けてくれる生産者やメーカーの方々、そして店を訪れてくれるお客様から、これまでに多くのことを教わりました。そんな学びの日々の中で、私のパン作りは常に変化を続けてきたように思います。

最近では、コロナ禍をきっかけに厨房をワンオペに切り替えたことが、大きな転機となりました。生地の配合から厨房の掃除方法にいたるまで、ひとつひとつの作業を一から見直し、一人ですべてのパンの面倒が見られるように、徹底的に効率化を図りました。その結果、生地と向き合える時間が以前よりも増え、これまでは見すごしていたような小さな変化にも敏感になり、生地の状態に合わせたよりきめ細やかな対応ができるようになってきました。

生地とじっくり向き合えるようになったおかげで、扱いが難しい粉を積極的に使えるようになったのも、大きな収穫です。現在では、サ・マーシュでしか食べられない唯一無二のパンを目指し、個性豊かな小麦粉だけを使用してパン作りを行なっています。温度や時間などの数値よりも、職人としての感覚を何より重視し、自分の表現したいパンの世界を素直に追求するようになり、ある意味で、以前よりも「わがままなパン作り」になっているのかもしれません。

本書では、この5年間で大きく進化したサ・マーシュのパンを、生地別にまとめました。パン・ド・カンパーニュやパン・ド・ミなどの基本的な生地も、以前の著書とは配合やプロセスが大幅に変わっていますし、「成形を行わないバゲット」「全粒粉を100%使用したパン・コンプレ」など、考え方そのものをアップデートした新たな生地も紹介しています。また、ワンオペでも多彩なパンをお客様に楽しんでいただけるように、ひとつの生地からたくさんのアレンジレシピも展開しています。

いまの私のパン作りを実直につづった「サ・マーシュの現在地」が、この一冊です。

西川功晃

【正 誤 表】

「素材から生まれるパンの技術と感性」をご購入いただき、誠にありがとうございます。

本書の内容に以下の誤りがございました。深くお詫び申し上げますとともに、以下の通り訂正いたします。

■ p.93 (基本配合)

誤：脱脂濃縮乳　2g → 正：脱脂濃縮乳　200g

■ p.188 (協賛企業名)

誤：株式会社増田製作所 → 正：株式会社増田製粉所

今後はより一層の注意を払い、正確な内容をお届けできるよう努めてまいります。

何卒ご理解賜りますようお願い申し上げます。

株式会社旭屋出版

目　次

Pain Traditionnel パン・トラディショナル　64

Pain de mie パン・ド・ミ　92

目　次

Pain Complet パン・コンプレ 156

職人たちの個性が融合した コラボパンの世界 166

新時代のベーカリーを支える力 184

本書を読むにあたって

・本書のレシピは、サ・マーシュで実際に行なっている方法を記載しています。厨房の温度、使用するオーブンなど、環境によって生地の状態は変わります。記載の数値はあくまで目安として、生地の様子を確認しながら作業を進めてください。
・材料は、割合が出しやすい数値で記載しています。実際に作業するさいは、ミキサーなどの容量に合わせて分量を調整してください。また、材料に「適量」と記載しているものも、素材の状態や好みに応じて調整してください。
・使用する粉の特性、湿度や気温などによって吸水率は変わります。材料の水分は 3 〜 5％程度の幅をもたせてください。
・材料表の一部には、実際に使用している製品名を記載しています。異なる製品を使用した場合、状態に大きく差が出る場合があります。
・分割・成形時に使用する打ち粉、水、型に塗るオイルなどは材料や作り方から省略しています。

師から受け継ぐパン哲学

西川功晃が考えるおいしさへの道筋

パン作りは子育てと同じ

● ● ●

洋菓子職人を志していた私が、パン職人の道を決心するきっかけとなったのは、「ビゴの店」のフィリップ・ビゴ氏でした。ビゴ氏が作るパンのあまりのおいしさに衝撃を受け、秘伝のレシピを学ぶべく、意気揚々と弟子入りを果たしました。ところが、いざ入門してみるとどのパンも何の変哲もないごく普通のレシピばかり。あまりに平凡すぎて拍子抜けしてしまったほどです。

「ビゴ氏のすごさは、レシピでは読み解けないところにある」

そう気づいたのは、働きはじめてしばらく経ってからのことです。同じレシピで焼いたはずなのに、なぜかビゴ氏が仕込んだパンは力強く、それでいてふんわりさっくりとした理想の食感に仕上がり、私が作ったものとは雲泥の差があったのです。

ビゴ氏のパン作りは、一見すると大胆。パンチは荒々しく、成形も大雑把に見えます。しかし、よく観察していると、ビゴ氏は生地の状態を常に気にかけ、状態に合わせて発酵のタイミングやパンチの力加減を調整していました。しかもそれを意識的にではなく、ごく自然に、まるで大切な我が子を見守る母のような「動物的な本能」で、生地と接しているように感じられました。

「パンはレシピがすべてではない。どんなふうに育てていくのか、生地の育て方こそが、おいしさの本質であり、魅力である」

ビゴ氏と働く中で、私は「子育てのように、愛情を持ってパンを育てる」という感覚を養っていきました。

繊細に、過保護に育てすぎると、甘やか

されて力強さのないパンが出来上がってしまいます。気にしすぎて生地を触りすぎるのではなく、いま生地が必要としていることを見極め、それを必要なだけ与える。子供が寒そうにしていたら、そっと羽織りをかけてあげるように、生地の状態に合わせて室温を調節したり、乾燥しているようなら霧吹きでそっと水分を補給してあげたり。構いすぎず、やさしく見守る感覚で生地を育てています。

毎日生地を観察していれば、ささいな変化にも気づけるようになるものです。そのときに、いかに適切な対応をしてあげられるか。レシピには書かれていない、小さな気遣いの積み重ねが、おいしさに繋がるのだと信じています。

自然のままに

・・・

　粉の豊かな風味、歯切れのよい食感など、その生地本来のおいしさをありのままに表現する。シェフになって以来、私がパン作りで大切にし続けていることです。

　そのために、なるべく生地に負担をかけず、自然の力を引き出す無理のない作業を心がけています。たとえば、ミキシングはできるだけ少ない回数で捏ね上げ、分割や成形でも、無理に引っ張ったり伸ばしたりしてコシをつけすぎないように注意します。現在は、食パンでもモルダーは使いません

し、分割後に作り込まないパンが増えました。

　気温や湿度、酵母の発酵具合など、その日の状況によって生地の状態は毎回違います。それなのに作り手のルーティンを優先し、やみくもに同じ作業を繰り返していては、本当においしいパンには育ちません。その日の生地の状態に合わせて必要なことだけを行い、生地本来の力を引き出す。そのときどきによって焼き上がりに差が出ることもありますが、それもありのままの個性だと捉え、その日に出会えるおいしさを大切にしています。

引き算の勇気

• • •

私がシェフを務めた「ブーランジェリーコム・シノワ」のオーナーであるフランス料理人・荘司 索シェフからは、「アンデルセン」と「ビゴの店」で学んだパン作りの技術を「どのように使えばよいか」を考えさせられました。

荘司シェフの頭の中は、常に斬新なアイデアにあふれ、そのアイデアを詩的な言葉で私に伝えてくれました。たとえば、海の見えるレストランで提供するパンの開発を頼まれたときには、

「夕暮れが近づくころ、誰もいない海岸を歩いていると、ふと足元に転がる流木が目に止まる。その流木を拾い上げた瞬間から、夏の疲れた身体をやさしく癒すコース料理がスタートするんだ。その流木を拾い上げる瞬間を、パンで表現してほしい」と、美しい海辺の情景を臨場感たっぷりに話して

くれたものです。

詩人のようなシェフの言葉ひとつひとつが、技術一辺倒で凝り固まっていた私の固定概念をときほぐし、「パン作りはもっと自由でいい」のだと気づかせてくれました。

たくさんのアドバイスを授けていただいた中で、自分のパン作りにとって永遠のテーマとなったのが、「引ける勇気を持て」という言葉です。

新作を試作するとき、どこか物足りないと感じたら、具材やフレーバーなど、新たな要素を足したくなるものです。たしかに、足し算で味を作っていけば簡単においしくすることはできます。しかし、要素を足せば足すほど、そのパンで自分が本当に伝えたかった味や魅力はぼやけてしまうのです。

表現したい味や食感を際立たせるために、あえて引いてみる。そのさじ加減が難しく、今でももっとも頭を悩ませる課題ですが、うまくはまったときには、個性が突き抜けた魅力的なパンが完成します。

ヌッキム

● ● ●

　韓国語で「小さな驚き」を意味するヌッキム。お客様に喜んでもらうためのスパイスとして、荘司シェフがよく口にしていた言葉です。

　「この酸味はなんだろう？」「急にプチッとした食感に当たった」「まさかこんなフルーツが入っているなんて！」「どうやったらこんな形が作れるの？」

　パンを食べたときに感じるちょっとした驚きが、お客様の楽しみにつながります。アレンジレシピを作るときには、いつもヌッキムを心がけながら、具材や成形方法に小さな遊び心を加えています。

わさび商品

● ● ●

　はじめてパン作りを学んだ広島「アンデルセン」の城田幸信さんからは、パンの基礎技術とともに、商品開発についても教わりました。その中のひとつが「わさび商品」という考え方です。

　わさびは、それだけを単独で食べることはほとんどありませんが、料理店で刺身を注文して、わさびが付いてこなければ寂しさを感じる人は多いはずです。必須ではないが、ないと寂しい。そんな存在がわさびではないでしょうか。

　パン屋の中にも、そんなわさびのような商品を並べようというのが、「わさび商品」

の考え方です。そのパン自体がたくさん売れるわけではありませんが、その商品があることで店全体に間接的に利益をもたらしてくれます。

サ・マーシュの場合は、パン・ド・カンパーニュ生地を使った山食パン「カンパーニュ・ブレッド」（28ページで紹介）が、わさび商品。決して売れ筋商品ではありませんが、パンに精通する食通の人がこのパンを気に入って常連客になってくれたり、SNSやメディアで店を紹介してくれたりしています。また、こういったニッチなパンを気に入ってくれるお客様が店を訪れてくれること自体が、私自身のモチベーションにもつながっています。

わさび商品は、間接的に店の利益につながる一方で、そのパン自体は売れ残ってしまうことが多いのも事実。パンペルデュなど、残ったパンをアレンジした再生アイテムのアイデアをたくさん用意しておき、無駄なく使い切るように心がけています。

健康的なパンを目指して

● ● ●

人々の健康志向がいっそう高まるなか、「不安感や罪悪感を感じずに、安心して食べられること」が、いまや、おいしさと同じぐらいに求められるようになってきました。

以前から余計な添加物を使わず、自然で安心できる素材を使用してパン作りを進めてきましたが、最近は、薬膳の考え方も取り入れながら、より積極的に健康にアプローチできるパンの開発にも取り組んでいます。

食物繊維が豊富な穀物や、血糖値の上昇を抑える効果が期待できる素材を練り込んだ特別なパンをはじめ、基本的な生地でも、糖質や塩分の過剰摂取にならないように配合を見直し、おいしさと健康が両立するパンを目指しています。

お客様に安心して日常的にパンを楽しんでいただくために、健康への配慮は欠かせないテーマです。

サ・マーシュを支える基本の素材と道具

■ 国産小麦粉

　サ・マーシュがある兵庫県を一緒に盛り上げていきたいという思いから、これまでも地元の企業や生産者の方々の素材を積極的に使ってきました。そんな地産地消の気持ちを粉にも拡大させ、小麦粉はすべて国産品を使用しています。

　国産小麦粉は、外麦（外国産小麦）に比べるとタンパク量が低いといわれてきましたが、最近では、タンパク量の多い小麦品種「ユメチカラ」を中心に、力強い粉が数多く登場しています。また、粗挽きタイプや焙煎小麦粉など、各メーカーから個性豊かな粉が展開されており、それぞれに、その粉でしか引き出せない特別なおいしさがあります。

　粉の特性を最大限に引き出すには、ミキシング時間をシビアに見極めるなど、少し手間をかける必要がありますが、それもまた、生地を育てる楽しみのひとつです。

　本書では、生地の特性に合わせて8種類の小麦粉を使い分けています。

■ 自然酵母

　サ・マーシュで使用している自然酵母は、レーズンで作った酵母液をもとに、30年以上、粉を継ぎ足してリフレッシュしながら使い続けてきたものです。フランスでの修業中には、日本にいる後輩が大切に継ぎ続けてくれました。長い時間と人々のやさしさによって生かされてきた種は、店の大黒柱のような存在です。

　自然酵母を加えることによって、発酵のうま味や酸っぱい香り、しっとり感といった独特のおいしさをパンに与えることができます。私の場合は、自然酵母単独で使用するだけでなく、イーストと組み合わせることも多く、味づけのひとつという感覚で扱っています。

　自然酵母は1週間に一度粉を継ぎ足して仕込みます。仕込んだ当日と6日後では発酵具合が大きく異なり、それによって出来上がるパンの味と香りも変化していきます。そんな日々の違いも個性として楽しんでいます。

自然酵母

■作り方

1 酵母液を作る。水600gに蜂蜜100gを入れ、よく混ぜ合わせる。

2 消毒したビンにレーズン300gを入れ、1の液体を加える。

3 蓋をして15〜20℃の涼しい場所におき、毎日1回は振りながら1週間ほど発酵させる。表面に泡が出て、レーズンが浮いてきていたらよい発酵具合。保存する場合は冷蔵庫に入れる。

4 ボウルの上にガーゼを重ねた漉し網をのせ、レーズンと液体とに分ける。レーズンを絞って液体をしっかりとったら、酵母液の完成。

5 発酵生地を作る。酵母液100に対し、中力粉185、モルトシロップ2の割合で入れ、ミキサーの低速で10分ミキシングする。

6 まとめてボウルに入れ、室温(27℃)で16時間おく。

7 生地100に対し、中力粉100、水50、モルトシロップ2の割合で入れ、ミキサーの低速で10分ミキシングする。室温で16時間おく。

8 安定したら、生地50に対し、中力粉100、水48、モルトシロップ2、塩1の割合で入れ、ミキサーの低速で10分ミキシングする。室温で16時間おく。

9 8の生地50に対し、中力粉100、水48の割合で入れ、ミキサーの低速で10分ミキシングする。室温で3時間おく。

10 様子をみて、発酵が足りなければ発酵するまで待ち、9を再度行う。ミキシングから3時間で十分発酵する状態までくり返し行う。

11 ビニールシートで包み、キャンバス地でしっかり包んで冷蔵保存する。粉を足してリフレッシュし、継続的に使用できる。

■ イースト

　以前は、生イースト、ドライイースト、インスタントイーストを生地に合わせて使い分けていましたが、一人で作業を行うようになってからは、セミドライイーストに一本化し、作業効率を高めています。愛用しているルサッフル社の「サフ セミドライイーストゴールド」は、イーストの香りがおだやかでくせがないのが魅力。発酵の風味がほしいときは、自然酵母を加えて調整しています。

■ オーブン

スチームや火力の強さは、オーブンの機種によって大きく差があります。ハード系のパンを思い通りに焼くためには、強いスチームと火力が必須です。逆に菓子パンや惣菜パンは、表面の焦げつきや中の具材の状態に合わせた温度コントロールや密封性の高さが求められます。

サ・マーシュで使っているオーブンは、ベーカーズ・プロダクションの今本社長にオーダーし、25年かけて作り上げた「武蔵」。ハード系のパンを焼くのに必要な強いスチームと強い上火・下火、菓子パンをふんわりしっとりとした食感に焼き上げる密封性の高さ、どこから手を伸ばしてもスムーズに掴める持ち手の形状など、細部にまで徹底的にこだわって開発しました。炉床板には富士山の溶岩石を使用しており、遠赤外線の効果も絶大です。ハード系パンから食パン、菓子パンまで、マルチに使えるオールマイティーなオーブンです。

■ ミキサー

スパイラルミキサーと縦型ミキサーを使い分けます。生地を捏ね上げるさいは、コシをつけずに効率よく混ぜ合わせられるスパイラルミキサーを使用し、生地への負担を極力抑えています。縦型ミキサーはおもに具材を混ぜ合わせるときに使用します。

■ ピケ用針

生地の分割や成形時に気泡をつぶすために使用します。気泡は指でつまんでつぶすと、生地の一部分にだけ余計な力が入ってしまいます。できるだけ生地にストレスをかけないための必須アイテムです。

■ クープナイフ＆細工バサミ

パンの表面に切り込みを入れるときは、クープナイフとハサミを使い分けています。

クープナイフは、刃物の産地・岐阜県関市で作られている「サンクラフト社」のものが便利。切れ味が鋭く、従来のカミソリタイプよりも切れ味が落ちにくいのが愛用している理由です。

十字に切り込みを入れるときは、和菓子用の細工バサミを使います。刃先が細く、繊細な作業に向いており、思い通りの深さと長さに切り込みが入れられます。

ベーカリーのための豆知識

「トランス脂肪酸」「乳等を主要原料とする食品」について

既存のマスメディアに加えて SNS の発達により、食に関する真偽不明な情報があふれ、消費者が惑わされるケースも少なくない。近年、健康への影響が指摘されている「トランス脂肪酸」もその一つ。ここでは、おいしいパン作りに欠かせないマーガリンのトランス脂肪酸にまつわる誤解を解く豆知識を紹介。分かりにくい「乳等を主要原料とする食品」表示の背景についても解説する。お客に正しい知識を伝えるのに役立てていただきたい。

トランス脂肪酸の豆知識

誤解だらけの「トランス脂肪酸」

トランス脂肪酸を過剰に摂取すると、心臓疾患のリスクが高まるという研究報告があり、WHO（世界保健機関）では、トランス脂肪酸の摂取量を「総エネルギー摂取量の 1％未満」にするよう勧告している。これがトランス脂肪酸のネガティブイメージを招く要因となっているが、日本人のトランス脂肪酸摂取量は平均値で 0.3％と、WHO が勧告する 1％を大きく下回っている。日本人がトランス脂肪酸の取り過ぎになる心配は、通常の食生活ではまずないといっていい。

また、そもそもトランス脂肪酸は牛肉や牛乳、バターなど天然の食品にも含まれている。トランス脂肪酸が気になるから、マーガリンの代わりにバターを使うといった風潮は、まったくの誤解だ。

画像提供／ミヨシ油脂（株）

マーガリンのトランス脂肪酸はバターの半分以下

あまり知られていないが、実はマーガリンに含まれるトランス脂肪酸はバターの半分以下にまで低減されている。それはデータでも裏付けられており、バターの 100g あたりのトランス脂肪酸は 1.9g に対して、同じ量のマーガリンに含まれるトランス脂肪酸は 0.65g との調査結果が出ている（※）。油脂メーカーの努力などによって、今やマーガリンは、低トランス脂肪酸食品となった。主要メーカーの一つ「ミヨシ油脂」では、トランス脂肪酸の生成量の少ない加工油脂を使うことで、トランス脂肪酸の低減に取り組んでいる。

※農林水産省「トランス脂肪酸に関する情報　食品中の脂質とトランス脂肪酸濃度」より引用
　バター 1.9g 平成 18・19 年度 (2006-2007 年) 調査
　マーガリン 0.65g 令和 4・5 年度 (2022-2023 年) 調査

食品表示の豆知識

「乳等を主要原料とする食品」とは？

「マーガリン」だと思って食品表示を見たら、名称が「乳等を主要原料とする食品」だったので戸惑った経験はないだろうか。それもそのはず、両者は製造方法や見た目に違いがなく、見分けがつきにくい。ではなぜ、異なる表示になっているのかといえば、マーガリンには法令で乳脂肪を主原料としないもの（乳脂肪分 40％ 未満）であることが定められているため、マーガリンの基準より乳脂肪分を多く含む製品を「マーガリン」と表示することはできない。乳脂肪分を多く含む製品は、乳製品について定められた法令により「乳等を主要原料とする食品」となる。それらの規格について表にまとめたので参考にしていただきたい。

油脂メーカーはたゆまぬ企業努力で様々な製品を作り出している。その中には、法律が定めるバターやマーガリンの規格に当てはまらないものも多く、それらを総称して「乳等を主要原料とする食品」と表示している。その多様性が、日本における製パンのバリエーションの豊富さに大きく貢献しているといえよう。

乳・乳製品	乳（生乳、牛乳、成分調整牛乳、低脂肪牛乳、加工乳など） 乳製品（クリーム、バター、バターオイル、チーズ、アイスクリーム、加糖練乳、脱脂粉乳、ホエイパウダー、発酵乳など）
バター	乳脂肪 80.0％以上、水分 17.0％以下
マーガリン	油脂（※）80.0％以上、水分 17.0％以下 ※油脂には植物油脂、動物油脂、乳脂肪（40％未満）が使用可

取材協力／ミヨシ油脂（株）　https://www.miyoshi-yushi.co.jp/

すべてのパンに共通する製法の考え方

■ ミキシング

　基本的に、ミキシングをかければかけるほど粉の風味は飛びやすくなります。ミキシング時間をできるだけ短縮して理想の捏ね上げにもっていくのが、風味豊かなパンに仕上げるコツです。私の場合は、スパイラルミキサーを使って低速を中心に捏ね、仕上げに高速で軽くまとめます。スパイラルミキサーのほうが時間を短縮でき、生地温度も上昇しづらいのがメリットです。

　また、生地によってはオートリーズ法も採用しています。粉と水を合わせて放置するだけで自然の力で生地がつながっていくので、ミキシングをさらに短縮できます。

■ 低温長時間熟成

　一人で作業を進めるにあたり、合理的な方法として導入しました。1日目に生地を仕込んでおき、低温長時間熟成で生地を作り上げ、2日目に分割・成形して焼き上げます。冷蔵庫に入れておけば生地の発酵具合を調整しやすく、以前よりも余裕をもって分割・成形が行えるようになりました。

　低温長時間熟成に切り替えるにあたり、従来のレシピよりもイーストの量は約半分に減らしています。

■ 具材の混ぜ込み

　具材は、しっかり風味を感じさせつつ、極力生地の状態が変わらないように考えて配合します。基本は、生地に対して30％量。チーズや野菜などの大粒な素材は40％まで加えることもあります。逆に、ごまのように味が濃いものは、もう少し減らしたほうが味のバランスが整います。また、あえてありえないほどたくさん加えて驚かせることもあります。

　生地に混ぜ込むさいは、具材によってはミキサーを使用せず、捏ね上がった生地の上に具材を広げ、手作業で混ぜ合わせていきます。

　手でやさしく混ぜることで、野菜やフルーツなどの柔らかい具材も形と食感を保ったまま混ぜ込め、パウダー類も混ぜ具合を調整できて味に濃淡をつけられます。また、余計なミキシングを行わずにすむので、生地の負担が抑えられ、ベストな状態を維持できます。手作業での具体的な混ぜ込み方は、レザンレザン（32ページ）の作り方で詳しく解説しています。

■ パンチ

生地の状態や求める食感に合わせてパンチの方法は変化させています。コシをつけたい場合は四方から折りたたみ、コシをつけたくない場合は、生地の中に指を入れてガスを抜きながら生地の面積を軽く広げる程度にとどめます。折りたたみ方も、生地によっては半分だけ折ったり、生地同士を重ねすぎないように折ったりしています。1回目と2回目でパンチの方法を変更することもよくあります。

■ 分割と成形

なるべく生地に負担をかけず、コシをつけすぎないことを心がけて行います。分割時は、重量だけでなく、次の成形が行いやすいように形を意識して切り分けます。丸めでもできるだけコシをつけず、表面も美しく整えることが、スムーズで無理のない成形につながります。

作り方の中には、とじ目を「上に」「下に」という表現が登場します。とじ目を下にしてベンチタイムをとると、生地が伸びようと頑張るため、コシがつきやすくなります。また、とじ目を上にした状態で焼くと、とじ目がクープがわりとなって美しい自然な割れ目ができます。求める食感やビジュアルに合わせて、とじ目の方向を変えています。

分割・成形時は手粉と霧吹きを上手に使うのもポイントです。手粉をつけないと生地の表面が破れてしまいますが、使いすぎると生地の中に手粉が入り込み、粉の塊が口に残る原因となります。水分も霧吹きで適度に与えることで生地の乾燥だけでなく、手粉が生地に入り込むのを防ぐ効果もあります。

■ 焼成

オーブンは上火250℃、下火230℃を基準に、そこから生地に合わせて温度を調整しています。コシをつけないように作業を進めてきた生地はボリュームが出づらいですが、下火の強さと焼くタイミングでうまくボリュームを出していきます。

スチームも基本的には生地を入れる直前と直後に入れ、ふくらむ力を最大限に高めています。

布取りする時の粉は、小麦粉と米粉を使い分けます。布につきやすい配合の生地の場合は、米粉を使用します。

Pain de Campagne

Primitive Bread

Comepane

Pain Traditionnel

Pain de mie

Pain au lait "bebe"

Pain Brie

Pain Complete

Pain de campagne

パン・ド・カンパーニュ

● ● ●

　パン・ド・カンパーニュ（田舎風パン）はサ・マーシュの魂。

　これだけは生涯守り続けていきたい、私にとって原点といえるパンです。理想とするカンパーニュは、自然酵母が放つ酸味の香りがきいていること。そして、酸味と甘味のバランスがよく、しっかり焼き込まれた香ばしく歯切れの良い外皮と、しっとりとして喉どおりのよい内層との食感の落差がはっきりと感じられること。それを実現するため、粉は増田製粉にお願いして作っていただいた粗挽きの国産小麦粉「ウーヴリエ」を使用し、パンチや成形でも生地に負荷をかけないようにやさしく扱い、粉の風味を生かしながら歯切れよい食感に焼き上げています。

　最近では、「日常の食卓に溶け込むパン」を目指し、生地にワインを加えて風味を複雑化させ、料理に合わせやすい包容力のある味を引き出しています。「毎日食べ進めるたびに、味が少しずつ変化していくのが楽しい」とお客様から嬉しい感想をいただけるのは、こうした細かな工夫と、シェフになって以来、30年以上種継ぎしながら使い続けてきた自然酵母のおかげです。

■ 基本の配合

中力粉（ウーヴリエ［増田製粉所］）　1000g
ライ麦全粒粉（ハンコック［アグリシステム］）　250g
小麦全粒粉（WJ-15［熊本製粉］）　125g
塩（淡路島の藻塩）　27.5g
モルトエキス（ユーロモルト［日仏商事］）　4g
水　1100g
白ワイン　50g
赤ワイン　50g
自然酵母　500g

＊自然酵母の作り方は15ページ参照。

■ 温度・時間　捏上温度 24℃

一次発酵　室　温 1 時間 冷蔵庫 12 時間
復温　1 時間
分　割
ベンチタイム　1 時間
成　形
二次発酵　150 分
焼　成

基本の作り方

4 低速で12分、高速で1分ミキシングする。

低速でじっくり捏ねるほうが香りと味が出やすくなる、回せば回すほどふんわり仕上がるが、味と香りが飛びやすい。目指す味わいに合わせてミキシングを調整する。

1 ミキサーに水と粉を入れ、低速で3分ミキシングする。

水を先に注いでから粉を加えたほうが短時間で混ざりやすい（すべてのパンに共通）。

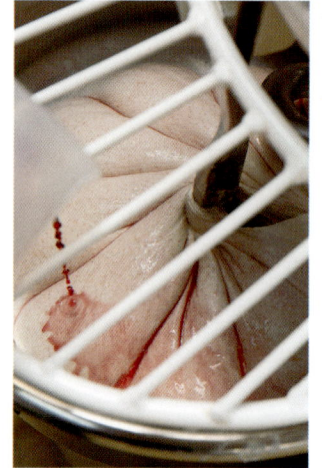

5 ワインを加え、さらに低速で3分ミキシングする。

適切な捏上温度になるよう、ワインの温度はあらかじめ微調整してから加える。

2 15〜20分寝かせ、水和させる（オートリーズ法）。

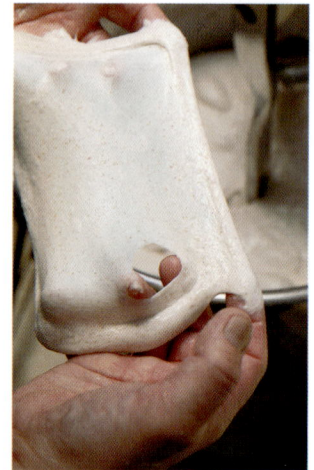

6 向こうが透ける程度まで薄く伸びれば捏ね上がり。捏上温度は24℃、夏場は23℃。

3 自然酵母、モルトを入れて低速でミキシングし、3分後に塩を入れる。

「後塩法」を採用。塩を加えると生地の発酵が進みづらくなるので、塩を加える前に生地をある程度作っておき、全体のミキシング回数を減らす。生地にストレスを与えず、やさしい食感に仕上げる工夫だ。

7 ホイロで30分発酵させる。ホイロの設定は28℃、湿度75％。

8 1回目のパンチを行う。

1回目のパンチは、四方から生地を折りたたみ、軽く押さえる程度にとどめる。強く押さえてコシをつけすぎないように注意。

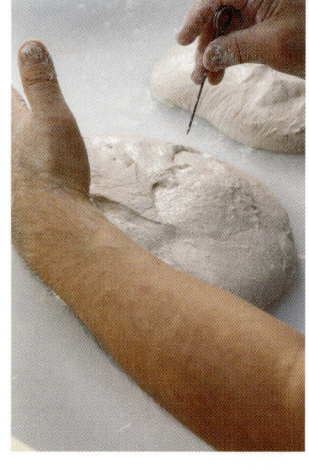

12 生地の表面に粉をふり、番重から裏返して取り出し、1100gに分割する。

分割の回数は少ないほうがよい。グラム合わせに足した小さなかたまりは生地の中へ入れる。気泡があればこの時点でピケでつぶしておく。

13 上面も霧吹きで軽く濡らすと、生地の中に粉のかたまりが入るのを防げる。

9 さらに30分発酵させ、2回目のパンチを行う。1回目とはパンチの方法が異なる。

2回目は指を生地の中に入れ、押しつけながら伸ばす。2回目のパンチで折りたたむと生地が小さくまとまり、成形時に無理に伸ばして生地に負荷をかけてしまう。生地の面積を維持することで整形時の負荷を軽減し、グルテンを出しすぎず、歯切れよい食感に焼き上げる。

10 5℃の冷蔵庫で12時間寝かせる。

11 28〜30℃の場所で60分復温させる。

14 手粉や空気が生地の中に入らないよう注意しながら、生地を外側から中心へと寄せるようにやさしく表面と形を整える。

分割時にある程度形を整えておくことで、成形時に無理な力がかからず、生地のストレスを軽減できる。生地を寄せると気泡が出てくるので、そのつどつぶしておく。

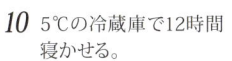

15 とじ目を下にして番重に並べ、生地を叩いてガスを抜く。指先で触って気泡を探し、ピケしておく。60分のベンチタイムをとる。

番重の中も霧吹きで濡らしてから生地をのせる。

16 生地の表面に粉をふり、とじ目を上にして生地を取り出す。手粉や空気が生地の中に入らないように注意しながら、周囲から生地を中心へ寄せる。

成形に入る前に上面を霧吹きで軽く濡らしておくと、生地の中に粉のかたまりが入るのを防げる。

17 生地を寄せながらやさしく転がし、表面を張らせながらとじ目を下にして形を整える。

力を入れすぎたり、触りすぎたりせず、最小限の成形ににとどめることが歯切れのよさにつながる。生地を寄せながら、気泡はつぶしておくとよい。

18 気泡を見つけた場合は、ピケでつぶす。

ピケだとピンポイントでつぶせるので、指でつまむよりも生地への負担を減らすことができる。

19 あらかじめ粉をふったバヌトン（直径30㎝のものを使用）にとじ目を上にして入れる。二次発酵を150分行う。

20 全体に粉をまんべんなくふり、とじ目を下にしてスリップピールに移す。

21 クープナイフで十字にクープを入れる。

22 上火250℃、下火240℃で30分焼成する。スチームは生地を入れる直前と直後に入れる。

カンパーニュ・ブレッド

パン・ド・カンパーニュを食べ慣れていない方にも、気軽に試していただけるよう、なじみ深い山食パンに焼き上げました。型に入れて焼くため、通常のパン・ド・カンパーニュに比べて目が詰まってきめ細かく、食べ応えがあるのが特徴です。

サンドイッチにも使いやすく、サ・マーシュではこのパンに野菜をたっぷりのせたクロック・ムッシュも販売しています。

■材料

パン・ド・カンパーニュ生地

■作り方

1　パン・ド・カンパーニュの基本の作り方（1〜11）と同様に生地を作り、一次発酵を行う。

2　復温させた生地を600gに分割する。正方形に形を整えておく。

3　ベンチタイムを60分とり、なまこ形に成形してブレッド型に入れる。

4　二次発酵を150分行う。

5　表面にまんべんなく粉をふり、クープを縦に1本入れる。

6　上火250℃、下火240℃のオーブンに入れ、すぐに上火を消して30分焼成する。スチームは生地を入れる直前と直後に入れる。

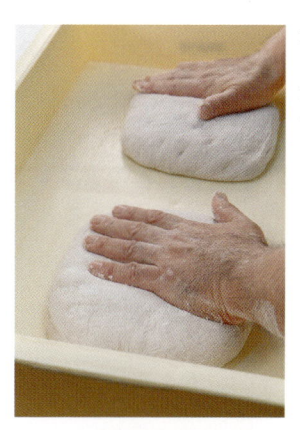

分割時に正方形に整えておくと効率的に成形を行え、生地へのストレスを軽減できる。

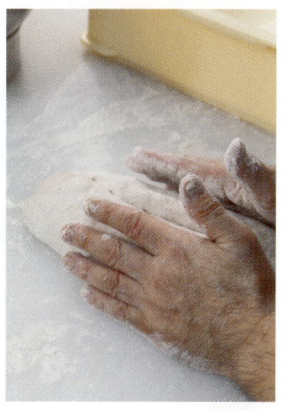

手粉が入らないように注意しながら、生地を両側から寄せるように半分に折り、なまこ形になるようにやさしく形を整える。

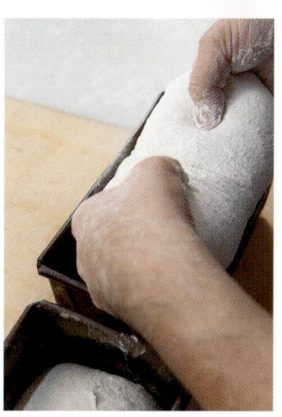

とじ目を下にしてブレッド型に入れる。焼くと中心が大きくふくらむので、中心がややへこむようにカーブをつけて型に入れるとバランスよく焼き上がる。

ドライフルーツと黒こしょうの
バゲット・カンパーニュ

ジューシーなセミドライフルーツをふんだんに加えた、イベントなどにもぴったりな贅沢なバゲット・カンパーニュです。

セミドライフルーツは、通常のドライフルーツより水分量が多く、大量に混ぜ込んでも生地の水分を奪わないので、パンが固くならずにみずみずしく仕上がるのが魅力。また、甘味も控えめで食事にもよく合います。

アクセントに加えた塩漬けの生黒こしょうも、乾燥こしょうとは全く異なるジューシーさ。キレのよい辛味と香りの高さは、ほかでは味わえない唯一無二のおいしさです。

セミドライフルーツはすべて「ロッテガロンヌ商会」のものを使用。ジューシーで自然な甘味が気に入っている。

■材料

パン・ド・カンパーニュ生地　1kg
生アンコールペッパー（塩蔵タイプ）
　　［FOREST JAPAN］　適量
セミドライいちじく　適量
セミドライアプリコット　適量
セミドライプルーン　適量
セミドライゴールデンレーズン　適量
ドライクランベリー　適量

■作り方

1　パン・ド・カンパーニュの基本の作り方（1〜11）と同様に生地を作り、一次発酵を行う。

2　復温させた生地を200gに分割する。長方形に形を整えておく。

3　ベンチタイムを30〜60分とる。

4　生アンコールペッパーとドライフルーツをのせて包み、スティック状に成形する。

5　二次発酵を120分行う。

6　表面にまんべんなく粉をふり、格子状にクープを入れる。

7　上火250℃、下火240℃のオーブンで30分焼成する。スチームは生地を入れる直前と直後に入れる。

分　割

A　長方形に分割し、手粉が入らないように注意しながら半分に折りたたんで細長いスティック状に整える。このとき、太さが均一になるように調整し、とじ目を軽くつまんでおく。とじ目を下にして番重にのせ、ベンチタイムをとる。

成　形

B　とじ目が上になるように生地をおき、生アンコールペッパーを全体にふりかけ、軽く押さえる。

C　ドライいちじく、アプリコット、プルーンを2粒ずつ一列に並べる。

D　すき間を埋めるようにクランベリーとゴールデンレーズンを全体にちらし、軽く押さえる。

E　生地を半分に折りたたみ、端をつまんでとじる。軽く押さえて形を整える。仕上げに軽くねじってもよい。

レザンレザン

サミドライレーズンとラム酒漬けのサルタナレーズンの2種類を、生地に対して40％混ぜ込みました。重厚感のあるカンパーニュ生地を使ったレーズンパンは、クリームチーズやパテとの相性もよく、食事パンにも向いています。

サルタナレーズンにはトレハロースを混ぜ込むことで保水性を上げ、生地が固くなるのを防ぎながら、レーズン自体もジューシーに仕上げます。トレハロースには香りと甘味を持続させる効果があり、おいしさの余韻が長く続くのも特長です。

生地にレーズンを混ぜ合わせるときは、ミキサーを使わずに手作業で行います。少し手間はかかりますが、具材がつぶれないうえ、生地の捏ねすぎも防げるおすすめの手法です。

■ 材料

パン・ド・カンパーニュ生地　1kg

セミドライレーズン［ロッテガロンヌ商会］　200g

ラム酒漬けサルタナレーズン　200g

ラム酒漬けサルタナレーズン（具材用）　パン1個につき30g

■ 下準備

サルタナレーズン［戸倉商事］は湯水で洗って柔らかくし、水分を絞る。レーズンに対し、1〜2%のトレハロースと2%のラム酒を加えて混ぜ合わせておく。

■ 作り方

1　パン・ド・カンパーニュの基本の作り方（1〜6）と同様に生地を作り、2種のレーズンを混ぜ込む。

2　基本の作り方（7〜11）と同様に一次発酵とパンチを行う。

3　復温した生地を400gに分割し、中にラム酒漬けサルタナレーズン30gを包んで丸め、叩いてガスを抜く。

4　ベンチタイムを60分とり、オーバル形に成形する。

5　二次発酵を150分行う。

6　生地の上にチュイル用の太陽型（マトファー社）をかざし、上から粉をふる。

7　上火250℃、下火240℃のオーブンで20分焼成する。スチームは生地を入れる直前と直後に入れる。

捏　上

A　捏ね上げた生地の上に2種のレーズンを広げる。

B　カードで生地を8等分し、レーズンと生地が層になるように4枚ずつ上に重ねる。

C　4等分して重ねる作業を2〜3回行い、具材と生地をほどよく混ぜ込む。

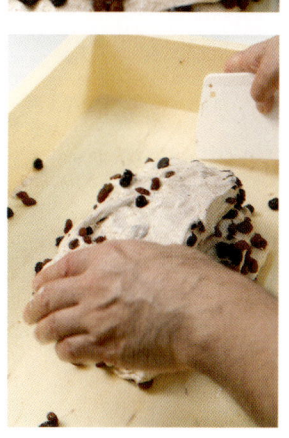

D　最後に重ねるときは、表面にレーズンがあまり出ていない生地が一番上になるように重ね、裏返して番重に置くのがコツ。分割・成形時にレーズンが生地表面に飛び出すのを防げる。

E 生地を押し広げ、パンチを行いやすいように面積を広げておく。

I 両手で生地を持ってレーズンをやさしく包み込み、丸く形を整える。

パンチ

F 1回目のパンチは、基本の作り方と同様に四方から折りたたむように行う。

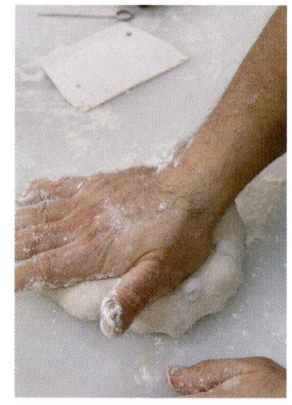

J とじ目を下にして台にのせ、上から押さえてガスを抜く。

G 混ぜ込みとパンチを工夫することで、レーズンが生地の表面に出てこない。

K 焼いたときに表面に出てきそうなレーズンはピケで取り出す。この段階で取り出しておくことで、焼いたときにレーズンが焦げつかないだけでなく、生地表面がなめらかになる。

分　割

H 正方形に分割した生地の上にラム酒漬けサルタナレーズンを30gずつのせる。

成　形

L とじ目を上にして生地を持ち、霧吹きで全体を濡らす。

M 手粉を中に入れないように注意しながら半分に折りたたむ。

焼　成

O 生地の上にチュイル用の太陽型をかざし、粉を全体にふる。

N 端をつまんでとじ、オーバル形になるように整える。とじ目を下にしてオーブンペーパーにのせる。

フィグノワ・レザン

定番のレーズンとくるみの生地に、食べた時に「ヌッキム」（小さな驚き）を楽しんでもらえるようにセミドライいちじくを包みました。いちじくの存在感を際立たせるため、レーズンとくるみは控えめの配合にしてメリハリをつけています。

いちじくを生地で包んだら、とじ目は下にして二次発酵させ、焼成時には裏返してとじ目を上にするのがポイント。焼いたときにとじ目がほどよく割れ、いちじくがさりげなく覗いて表情豊かに焼き上がります。

■材料

パン・ド・カンパーニュ生地　1kg

クルミ［戸倉商事］　100g

ラム酒漬けサルタナレーズン　200g

セミドライいちじく［ロッテガロンヌ商会］
　　パン1個につき20g

■下準備

サルタナレーズン［戸倉商事］は湯水で洗って柔らかくし、水分を絞る。レーズンに対し、1～2％のトレハロースと2％のラム酒を加えて混ぜ合わせておく。

■作り方

1　パン・ド・カンパーニュの基本の作り方（1～6）と同様に生地を作り、ラム酒漬けサルタナレーズン、クルミを混ぜ込む。

2　基本の作り方（7～11）と同様に一次発酵とパンチを行う。

3　復温した生地を200gに分割し、セミドライいちじくを包んでとじ目を下にして布取りする。

4　二次発酵を120分行う。

5　とじ目を上に向けてスリップピールにのせ、上から粉をふる。

6　上火250℃、下火230℃のオーブンに入れ、17分焼成する。スチームは生地を入れる直前と直後に入れる。

混ぜ込み

A レザンレザン（32ページ）と同様に、カードを使って捏ね上げた生地にラム酒漬けサルタナレーズンとクルミを混ぜ込む。

B ある程度混ぜたら生地を横一文字に切って重ねると、断面がよく見えて混ざり具合を確認できる。

分割・成形

C 正方形に分割した生地の上にセミドライいちじくをのせる。

D 両手で生地を持っていちじくをやさしく包み込み、丸く形を整える。

E とじ目を下にして粉をふったキャンバス地に布取りする。ベンチタイムはとらずに二次発酵させる。焼いたときに表面に出てきそうな具材はこの時点でピケで取り出しておく。

季節の素材とソフトグレイン

ライ麦、はと麦、玄米など、個性的な5種の雑穀をブレンド。そこに、秋には紅茶パウダーとさつまいも、夏には松山丸三のレモンピールなど、香り豊かな季節の素材を加えました。健康的でありながら、雑穀初挑戦の人にも食べやすいよう風味のバランスをとった雑穀パンです。紅茶パウダーは手作業で生地にほどよく混ぜ込みます。あえてマーブル状に混ぜ込み具合をとどめることで、味に濃淡がつき、均一に混ぜるよりも風味が強く感じられます。

■材料

パン・ド・カンパーニュ生地　1kg

紅茶パウダー［ナリヅカコーポレーション］　20g

さつまいも（蒸して角切りにしたもの）　200g

ソフトグレイン［ピュラトスジャパン］　200g

シードミックス［パシフィック洋行］　適量

すぐに使える かける本バター［ミヨシ油脂］　適量

■作り方

1 パン・ド・カンパーニュの基本の作り方（1〜6）と同様に生地を作り、紅茶パウダー、さつまいも、ソフトグレインを混ぜ込む。

2 基本の作り方（7〜11）と同様に一次発酵とパンチを行う。

3 復温した生地を540gに分割して丸め、叩いてガスを抜く。

4 シードミックスを表面に張りつけ、オーブンペーパーに並べる。

5 二次発酵を120分行う。

6 ハサミで表面に切り込みを入れ、かける本バターをたらす。

7 上火250℃、下火240℃のオーブンに入れ、すぐに上火を消して30分焼成する。スチームは生地を入れる直前と直後に入れる。

混ぜ込み

A 捏ね上げた生地の上に紅茶パウダーをふるいかける。紅茶パウダーが生地の水分を吸ってしまい、生地の水分量が低下するのを防ぐため、上から霧吹きで全体をしっかり湿らせる。

B さつまいもとソフトグレインを全体に広げてのせる。

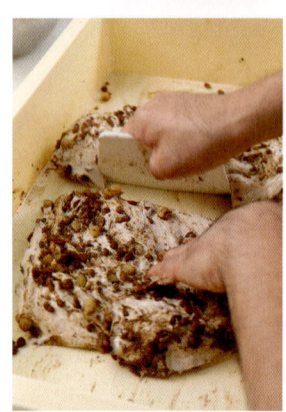

C レザンレザン(32ページ)と同様にカードで生地を切って重ね、具材を混ぜ込む。

D 最後は生地を横一文字に切る。

E 断面を上にして並べる。こうすることで、混ざり具合が確認できるだけでなく、生地の面積が広がり、パンチが行いやすくなる。仕上げに軽く押さえてパンチがしやすいサイズに生地を広げておく。

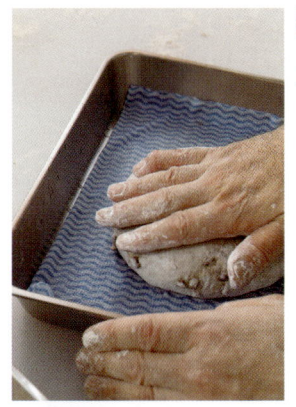

分割・成形

F 分割した生地を優しく丸
め、軽く押しつけてガス
を抜く。濡れタオルの上
にのせて表面を湿らせ
る。

焼　成

H 焼く前にハサミで深めに
4か所切り込みを入れ
る。

G 湿らせた面をシードミッ
クスに押しつけ、表面に
シードミックスをまんべ
んなく張りつける。オー
ブンペーパーの上にの
せ、霧吹きで全体を湿ら
せる。

I バター風味オイルを切り
込みの中にたっぷりたら
す。切り込みにオイルを
たらすと割れ目がきれい
に開き、風味もアップす
る。

プリミティブ・ブレッド

● ● ●

「プリミティブ」とは、英語で「原始的な」「素朴な」という意味。

無理な成形を一切行わず、分割した生地をそのまま焼き上げる、私のオリジナルパンです。

「ブーランジェリー コム・シノワ」で働いていた頃、オーナーの荘司シェフから「不作為なパンを作ってみるといいよ」とアドバイスを受けました。当時はその意味が理解できませんでしたが、京都の博物館を巡るうちに、実用的でありながら、土や木の香りと手仕事の温もりを感じられる民藝に「飾り立てないありのままの美しさ」を覚え、荘司シェフが伝えたかった「不作為」という言葉の本質にたどり着けた気がしました。

そうして生まれたのが、不作為＝ありのままを追求した民藝的なパンです。

すべての工程で作り込みすぎないことを意識し、成形だけでなく、ミキシングも極力減らし、小麦粉の風味を最大限に生かしています。気泡が大きく、エア感のある歯切れよい食感も、成形でコシをつけないからこそ生まれる持ち味です。

小麦粉は、甘さ控えめで素朴な風味を持つ「北野坂」を使用しています。兵庫県産の小麦粉を60％以上使用している点も、地元の暮らしに根づく民藝らしさにつながっています。さらに、ライ麦粉と米粉も配合し、大地を感じられる土っぽい香りと、和の風味も加えました。素材本来のおいしさが味わえる、サ・マーシュの代表作です。

■ 基本の配合

中力粉（北野坂 [増田製粉所]）　800g
パン用米粉（九州産米米粉H [熊本製粉]）　100g
ライ麦全粒粉（ハンコック [アグリシステム]）　100g
水　850g
塩（淡路島の藻塩）　15g
セミドライイースト（サフ セミドライイーストゴールド）　1g
モルトエキス（ユーロモルト [日仏商事]）　2g
自然酵母　300g

＊自然酵母の作り方は15ページ参照。

■ 温度・時間　捏上温度 24℃

| 一次発酵　室　温 1 時間 |
| 冷蔵庫 12 時間 |
| 復温　2 時間 |
| 分　割 |
| ベンチタイム　なし |
| 二次発酵　20 〜 30 分 |
| 焼　成 |

Primitive Bread

基本の作り方

4 捏ね上げ温度は24℃、夏場は23℃。

1 ミキサーに水と粉を入れ、低速で2分ミキシングする。イーストを加え、さらに2分ミキシングする

イーストはオートリーズの前に加えることで、より分散しやすくなる。

5 ホイロで30分発酵させる。ホイロの設定は28℃、湿度75%。

2 15〜20分寝かせ、水和させる(オートリーズ法)。

イーストで発酵が進むため、長時間放置せず、水和したら次の作業に進むこと。

6 1回目のパンチを行う。

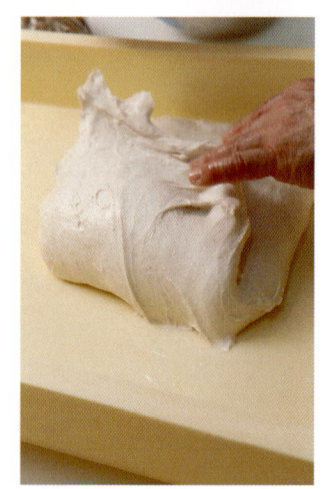

1回目のパンチは、四方から生地を折りたたみ、軽く押さえる程度にとどめる。強く押さえてコシをつけすぎないように注意。

3 自然酵母、モルトを入れて低速で3分ミキシングし、塩を加えてさらに低速で3分、高速で6分ミキシングする。

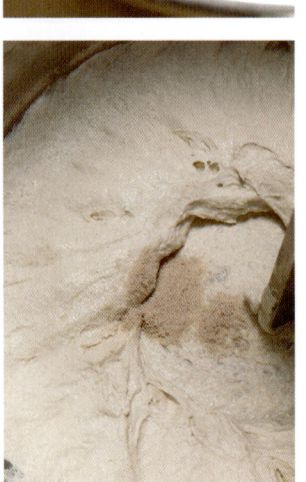

「後塩法」を採用。塩を後に加えたほうがつながりがよくなり、全体のミキシング回数を減らせる。途中でカードを使ってまとめるとさらに早くつながる。

7 さらに30分発酵させ、2回目のパンチを行う。1回目とはパンチの方法が異なる。

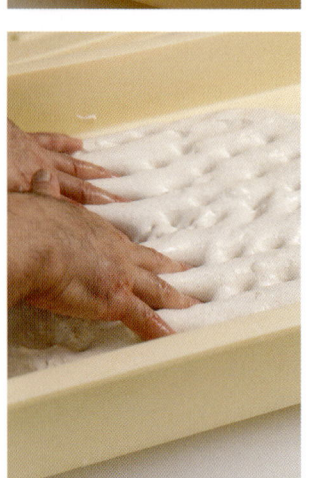

2回目は指を生地の中に入れて押さえ、全体の厚みを約2cmに調整する。このパンは成形を行わないため、ここでパンの厚みが決まる。やさしいパンチでグルテンを出しすぎず、歯切れよい食感に焼き上げる。

8 5℃の冷蔵庫で12時間
寝かせる。

9 28～30℃の場所で120
分復温させる。(photo
なし)

10 生地の表面に粉をふ
り、番重から裏返して
取り出し、400gに分割
する。

バゲットは幅約30cmの長
方形になるように分割す
る。焼き上がりをイメージ
しながら足し生地を上に
のせて重量を調整する。

11 キャンバス地に米粉を
ふって布取りする。気
泡があればピケで気泡
をつぶしておく。

べたつく生地なので、布
につきづらい米粉を使用
する。

12 二次発酵を20～30分
行う。

13 全体に粉をまんべんな
くふり、スリップピール
に移す。

14 上火250℃、下火240℃
で15～20分焼成する。
スチームは生地を入れ
る直前と直後に入れる。

下火は通常よりも10℃高
く設定。へたりやすい生
地なので、下から高温を
当てることでふくらみがよ
くなり、しっかり焼き込め
る。プリミティブは焼き上
がったあとに沈みやすい
ので、横向きにしてさます
ことで沈みを軽減する。

焙煎小麦のプリミティブ

2年前にはじめて全粒粉タイプの焙煎小麦粉に出会い、あまりの香り高さに衝撃を受けました。そこで、粉の風味をもっとも引き出せるプリミティブの製法で、その香ばしさを全面に押し出した「香りが命」のバゲットを作りました。基本のプリミティブ生地では米粉を加えるところを、小麦もち麦粉に変えて食感にも変化をつけています。

全粒粉は食物繊維が豊富で、健康効果が期待できる点も人気の理由です。

■配合

強力粉(Premium T[熊本製粉]) 800g

小麦もち麦粉(石臼挽きもち小麦粉 紅[熊本製粉])
100g

焙煎小麦全粒粉(焙煎 全粒粉(粗挽)[熊本製粉]) 100g

水 900g

塩(淡路島の藻塩) 15g

セミドライイースト(サフ セミドライイーストゴールド) 1g

モルトエキス(ユーロモルト[日仏商事]) 2g

自然酵母 200g

■作り方

1 ミキサーに水と粉を入れ、低速で3分ミキシングする。

2 15〜20分寝かせ、水和させる(オートリーズ法)。

3 自然酵母、モルトを入れて低速で3分ミキシングし、塩を加えてさらに低速で4分、高速で8分ミキシングする。

4 捏ね上げ温度は24℃、夏場は23℃。

5 一次発酵を30分行い、基本のプリミティブ・ブレッドと同様にパンチを2回行う。

6 5℃の冷蔵庫で12時間寝かせる。

7 28〜30℃の場所で120分復温させる。

8 生地の表面に粉をふり、番重から裏返して取り出し、200gに分割する(プティパンの場合は100g)。分割は基本のプリミティブ・ブレッドと同様に行う。

9 キャンバス地に粉をふり、足し生地の面を下にして布取りする。気泡があればピケで気泡をつぶしておく。

10 二次発酵を30分行う。

11 全体に粉をまんべんなくふり、足し生地の面を上にしてスリップピールに移す。

12 上火250℃、下火230℃で17〜18分焼成する。スチームは生地を入れる直前と直後に入れる。

捏 上

A 基本のプリミティブ・ブレッドと同様に作る。ただし、こちらの生地のほうが吸水がやや多いため、ミキシングは長めにとる。

分 割

B 細めの長方形に切り分ける。焼き上がりをイメージしながら小さな足し生地をのせる。厚みはできるだけ均一にする。軽く転がして粉を全体につけ、足し生地の面を下にして二次発酵させる。こうすることで表面がやや平坦になり、基本のプリミティブ・ブレッドとはまた違った表情に焼き上がる。

プリミティブの2色あんパン

焙煎小麦のプリミティブ生地の上に、抹茶ときなこの2種類のあんを絞りました。生地と一緒にあんにも焼き色をつけることで、焙煎小麦の香ばしさとの相性を高めています。包まずに絞るだけで手軽にバリエーションが増やせるのも、この成形方法のメリットです。ポイントは、生地に絞り袋を差し込み、中にもたっぷりあんを詰めること。「思ったよりたくさん入っている！」という小さな驚きが、お客様に喜んでいただく秘訣です。

■材料

焙煎小麦のプリミティブ生地　適量
抹茶あん(特抹茶あん[松原製餡所])　適量
きなこあん(きなこフレッシュ[松原製餡所])　適量

■作り方

1　47ページの作り方(1〜7)を参照して焙煎小麦のプリミティブ生地を作り、100gの長方形に分割する。

2　軽く転がして粉を全体につけ、足し生地の面を下にして二次発酵を30分行う。

3　足し生地をのせた面を上にし、全体に粉をまんべんなくふる。

4　指を入れてくぼみを2か所作り、2種類のあんをそれぞれ絞り入れる。

5　上火250℃、下火230℃で15〜16分焼成する。スチームは生地を入れる直前と直後に入れる。

| 焼　成 |

A　焼成前にあんを入れるくぼみを作る。生地に穴が開くぐらい深くくぼませる。

B　絞り袋をくぼみの奥まで差し込み、生地の高さまであんを絞る。表面にあんをのせるのではなく、生地の中まであんが十分に入るよう意識して絞る。

シナモン風味のりんごとレーズンパン

シナモンは生地にそのまま練り込むと、少量では味を感じづらく、かといって量を増やすとえぐみを感じてしまいます。そこで、フルーツにまぶして一緒に混ぜ込み、風味を引き立たせました。シナモン以外のスパイスでも有効な手法です。

ここでは、シリコン製の型を使って個性的な形に焼き上げました。シリコンは金属製の型と違ってオイルを塗らなくても生地が張りつかないため、表現の自由度が高まります。

■材料

焙煎小麦のプリミティブ生地　1kg
りんごのプレザーブ［森食品工業］　150g
ラム酒漬けサルタナレーズン　150g
シナモンパウダー　10g

■下準備

1　サルタナレーズン［戸倉商事］は湯水で洗って柔らかくし、水分を絞る。レーズンに対し、1〜2％のトレハロースと2％のラム酒を加えて混ぜ合わせておく。
2　刻んだりんごのプレザーブ、ラム酒漬けサルタナレーズン、シナモンパウダーをよく混ぜ合わせ、シナモンパウダーをフルーツにからめておく。

■作り方

1 47ページの作り方 (1〜4) を参照して焙煎小麦のプリミティブ生地を作り、シナモンパウダーを混ぜ込んだりんごのプレザーブとレーズンを生地に混ぜ込む。

2 47ページの作り方 (5〜7) と同様に一次発酵とパンチを行う。

3 復温した生地を200gに分割して丸め、叩いてガスを抜く。

4 ベンチタイムを30分とる。

5 軽く丸めてシリコン製の焼き型 (シリコーンベーキングトレー [エバリッチエンタープライズ]) に入れる。

6 二次発酵を1時間行う。

7 生地の表面にハサミで丸く切り込みを入れる。

8 上火250℃、下火230℃のオーブンに型ごと入れ、上火を消して11分、上火をつけて4分焼成する。スチームは生地を入れる直前と直後に入れる。

混ぜ込み

A 焙煎小麦のプリミティブ生地の上にシナモンパウダーを混ぜ込んだりんごのプレザーブとレーズンを広げる。

B レザンレザン(32ページ) と同様にカードで生地を切って重ね、具材を混ぜ込む。生地に直接シナモンを混ぜるより、ほかの具材にまぶしたほうがシナモンの風味が引き立つ。

分 割

C 分割したら、手粉が入らないように注意しながら生地を四方から折りたたむ。

D 折り目を下にし、両手で生地を包み込むようにやさしく形を整える。上から押してガスを抜き、ベンチタイムをとる。

成 形

E 軽く丸めなおし、シリコン製の焼き型にのせる。型にオイルを塗らずにそのまま焼けるのがシリコン製のメリット。型の形を生かして独特の形に焼き上げる。霧吹きで全体をよく湿らせ、二次発酵を行う。

焼 成

F 全体にまんべんなく粉をふり、中央にハサミを4か所から入れ、丸く切り込む。

G 型ごと焼成する。型があるぶん下火の当たりが弱くなるため、最初は上火を消して先に下側を強く焼き込み、仕上げに上火で表面に焼き色をつける。

Compane

コメパーネ

• • •

サ・マーシュでは、さまざまな配合比率の米粉パンを展開しています。その中で、米粉100%で作るシンプルな米粉パンを、「コメパーネ」と呼んでいます。

米粉パンといえば、ロールパンなどのソフトな食感に仕上げるのが主流ですが、コメパーネは、バゲット用の配合にしているのが特長。フランスパンの発酵生地を加えることで、パンらしい発酵の香りとうま味をきかせ、米粉ならではのもちもち感としっとり感を生かしながら、ハードパンとして十分に成立する力強い風味を持たせています。

米粉にはグルテンがなく、生地がまとまりづらいため、グルテンパウダーを添加して扱いやすい配合にしました。グルテンを加えることでふくらみもよくなり、パンらしいふんわりとした食感にも近づきます。

ちなみに、サ・マーシュでは、安全性の観点からどの米粉パンでもグルテンフリーは謳っていません。日常的に小麦粉を取り扱う厨房では、空気中にも小麦粉の粒子がただよっており、混入を避けるのは極めて困難であるためです。アレルギーや宗教など、食に対してさまざまな背景を持つお客様でも安心して口に運べるよう、食品の表記には常に細心の注意を払うべきだと考えています。

■ 基本の配合

パン用米粉（九州産米米粉H［熊本製粉］）　1000g

グルテンパウダー　200g

グラニュー糖　30g

水　1000g

塩（淡路島の藻塩）　20g

セミドライイースト
　（サフ セミドライイーストゴールド）　7g

発酵パン生地　200g

太白胡麻油［竹本油脂］　30g

* 発酵パン生地は、パン・トラディショナル生地
　（64ページ）を二次発酵させたもの。

■ 温度・時間　捏上温度 22 ～ 23℃

| 一次発酵　室　温 30 分　冷蔵庫 12 時間 |
| 分割 |
| ベンチタイム　30 分 |
| 成　形 |
| 二次発酵　30 ～ 40 分 |
| 焼　成 |

基本の作り方

4 生地が8割ほどまとまったら、ミキシングしながら太白胡麻油を少しずつたらして加える。

1 ミキサーに発酵生地、太白胡麻油以外の材料を入れ、低速で1分ミキシングする。

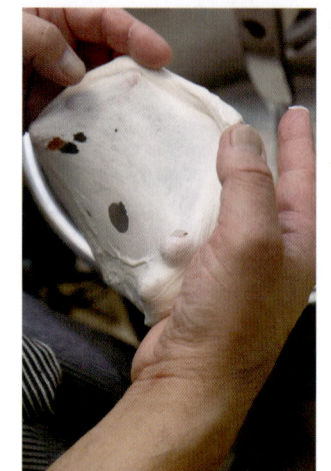

5 油が全体になじんだら、仕上げに高速で30秒～1分ほどミキシングする。捏上温度は22～23℃、冬場は24℃。

> ミキシングをしすぎると米粉パンはべたついてくるのでミキシングのかけすぎは厳禁。

2 カードを使って全体をまとめる。

> ミキサーで混ぜ続けるよりも手早くまとまり、ミキシング時間を短縮できる。

6 ホイロで30分発酵させる。ホイロの設定は28℃、湿度75%。

3 発酵生地を加え、低速で3分、高速で3分ミキシングする。

> 小麦粉を使った生地に比べてゆるく感じられるが、ミキシングするうちに徐々に生地が締まってくる。

7 パンチを行う。

パンチは1回のみ。四方から生地を折りたたみ、軽く押さえる程度にとどめる。捏ねすぎないように上に持ち上げて生地を伸ばしながら折りたたむのがコツ。成形時に無理に伸ばさなくてすむように、パンチの時点で成形に合わせてある程度厚みを調整しておく。(バゲット形の場合は、厚み約2cm)

8 5℃の冷蔵庫で12時間寝かせる。

9 28〜30℃の場所で60分復温させる。

10 生地の表面に粉をふり、裏返して取り出し、200gに分割する。

11 手粉や空気が生地の中に入らないよう注意しながら、生地をやさしく丸めてラグビーボール形(両端が尖った楕円形)に形を整える。

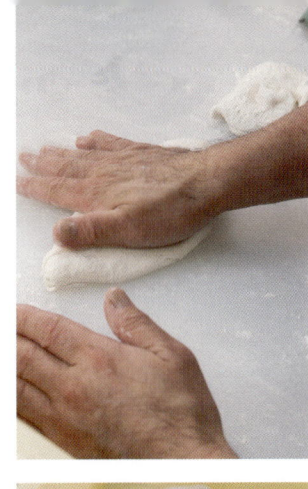

12 とじ目を下にし、押しつけてガスを抜く。

13 番重に並べ、30分のベンチタイムをとる。

14 とじ目を上にして生地を取り出し、手粉や空気が生地の中に入らないように注意しながら、半分に折りたたんでとじ目をつまむ。

裏側のべたべたした面が内側になるように折りたたむ。

15 軽く転がしてから押しつけてガスを抜く。

ここで十分ガスを抜くのがポイント。

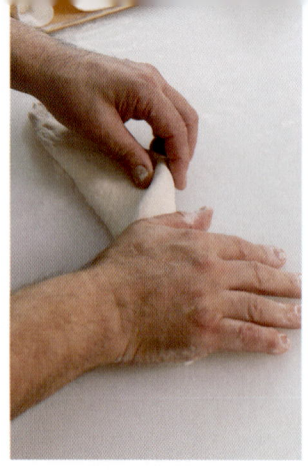

16 裏返して半分に折り込み、細長く伸ばす。

> バゲットの成形では、2度折り込んでしっかり表面にハリを出すのが一般的だが、あえて折り込みを1度にとどめることで、ハリが出すぎず、歯切れよく焼き上がる。

17 キャンバス地に米粉をふって布取りする。気泡があれば、ピケで気泡をつぶしておく。二次発酵を30〜40分行う。

> 生地が柔らかく、布にくっつきやすいため、米粉を使用する。

18 表面に米粉をふり、とじ目を下にしてスリップピールに移す。クープナイフで格子状にクープを入れる。

19 上火250℃、下火230℃で14分焼成する。スチームは生地を入れる直前と直後に入れる。

ルーレ　カタツムリ

成形時と焼成後にバター風味のオイルを生地にたっぷり塗り込んだリッチな風味のコメパーネです。

使用するオイルは、ミヨシ油脂の「すぐに使える かける本バター」。通常の溶かしバターは酸化しやすく、作り置きができないのであまり実用的ではありませんが、かける本バターは、冷蔵庫に入れておいても固まらず、通常のバターに匹敵する風味のよさでありながら、いつでも気軽に使えます。この商品のおかげで成形の自由度が格段に広がり、うずまき状のポップな見た目と、バターの豊かな風味を両立させることができました。かける本バターなくしては生まれなかった一品です。

■材料

コメパーネ生地　適量

すぐに使える かける本バター［ミヨシ油脂］　適量

塩（フルール・ド・サレ）　適量

■作り方

1　コメパーネの基本の作り方（1〜12）と同様に生地を作り、200gずつに分割してベンチタイムをとる。

2　麺棒で細長く伸ばす。

3　かける本バターを表面に塗って半分に折りたたみ、くるくると巻く。

4　二次発酵を30分行う。

5　かける本バターを表面に軽く塗り、塩をふりかける。

6　上火250℃、下火230℃のオーブンに入れ、14〜15分焼成する。スチームは生地を入れる直前と直後に入れる。

7　焼き上がったら表面にかける本バターを塗る。

分割・成形

A とじ目を上にして取り出した生地を麺棒で 40cm 長さに伸ばす。柔らかく、破れやすい生地なので、打ち粉を十分ふり、破らないように注意すること。伸ばし終えたら、不要な粉を刷毛で落としておく。

B かける本バターを生地の半分に塗り、二つ折りにする。

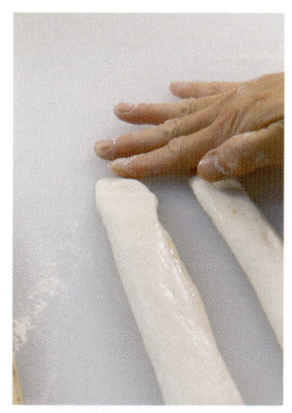

C 端を軽く押して薄くしておく。

D 霧吹きで表面を湿らせて接着しやすくし、優しく巻く。

E 断面を上にしてオーブンペーパーにのせる。

G 焼く直前に表面にバター風味オイルを刷毛で塗り、塩をふりかける。

F 巻き終わりは下に入れ込むとよい。全体に霧吹きを吹きかけ、乾燥を防ぐ。

H 焼き上がったら仕上げに再度バター風味オイルを塗ってつやを出す。

ごまと高菜漬けのコメパーネ

コメパーネは、炊きたての白米を彷彿とさせるなじみ深い風味があり、和風の惣菜パンにもうってつけです。サ・マーシュでは、しば漬けや野沢菜などを混ぜ込んだ漬物パンを定期的に販売しています。

ここでは、ピリリとした辛味の高菜漬けを混ぜ込みました。高菜漬けだけでは少しパンチが足りないので、同じく熊本県名産の金ごまとごま油で風味を補強し、香り高く仕上げています。

■材料

コメパーネ生地　1kg

金ごま入り高菜漬け　250g

煎り金ごま　適量

太香胡麻油［竹本油脂］　適量

＊金ごま入り高菜漬けは、刻んだ高菜漬け200gに金ごま50gを加えて混ぜ合わせたもの。

■下準備

1　コメパーネの基本の作り方（1〜5）と同様に生地を作り、ごま入り高菜漬けを混ぜ込む。

2　コメパーネの基本の作り方（6〜9）と同様に一次発酵とパンチを行う。

3　復温させた生地を80gに分割して丸め、叩いてガスを抜く。

5　ベンチタイムを30分とる。

6　やさしく丸め、炒りごまを表面に張りつける。

7　ハサミで表面に切り込みを入れる。

8　二次発酵を30分行う。

9　上火250℃、下火230℃のオーブンに入れ、10分焼成する。スチームは生地を入れる直前と直後に入れる。

10　焼き上がりに太香胡麻油を刷毛で塗る。

混ぜ込み

A　コメパーネ生地の上に金ごま入り高菜漬けを広げる。

B　レザンレザン（32ページ）と同様にカードで生地を切って重ね、具材を混ぜ込む。具材をつぶさずに混ぜ込めるので、味と食感がはっきり出る。

分　割

C　分割した生地を軽く丸めたら、押しつけてガスを抜く。再度軽く丸めて番重に並べる。

成　形

D　生地を手の平にのせ、生地を外側から中心へと寄せるようにやさしく表面と形を整える。コシをつけたくないので、強く丸めないのがポイント。

E とじ目を下にして押さえ、ガスを抜く。

I 焼き上がったら表面に太香胡麻油を塗り、風味よく仕上げる。

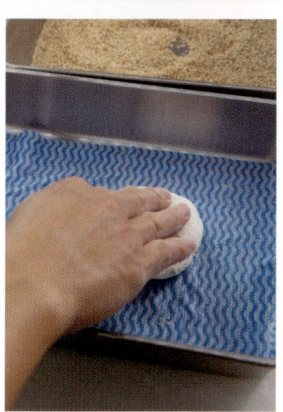

F 濡れタオルの上にのせて表面を湿らせる。

G 湿らせた面に煎り金ごまを押しつけ、表面に金ごまをまんべんなく張りつける。

H オーブンペーパーの上にのせ、ハサミで十字に切り込みを入れる。霧吹きで全体を湿らせる。ごまは乾燥しやすいので、生地の水分を吸わないようにしっかり湿らせておく。

Pain Traditionnel

パン・トラディショナル

• • •

　粉、水、塩、酵母で作る、もっともシンプルかつベーシックなフランスの伝統的なパン。日本では「フランスパン」の名で親しまれています。日本のパン職人たちがフィリップ・ビゴ氏から教わり、それが普及して今日のフランスパンがあるといっても過言ではありません。シンプルゆえに、使用する粉や製法の違いによって仕上がりが大きく変化し、職人の個性がもっとも表れる生地です。

　バタール、バゲット、パリジャンなど棒状に仕立てることが多いですが、サ・マーシュでは、棒状以外にも山食パンや枕形の「オレイエ」など、さまざまな形に焼き上げます。形ごとに味わってほしい食感が異なるので、成形方法によってパンチの方法も変え、コシの引き出し具合に変化をつけています。

　この生地に使用している「ハルユタカ」は、独特の甘味があり、しっとり感ともちもち感が両立した稀有な小麦粉で、日本人好みのテイストに仕上がります。

　基本となる「バタール」は、以前はしっかりコシをつけ、外皮のクリスピーな食感を大切にしていましたが、最近は料理との相性を重視し、なるべくコシをつけない優しい成形で、歯切れと口溶けのよさを追求しています。軽やかさを求めるぶん、クープの開き具合は控えめですが、それもまた作り込みすぎない「自然な美しさ」だと気に入っています。

■基本の配合

強力粉（ハルユタカ100［江別製粉］）　1000g

水　700g

塩（淡路島の藻塩）　16g

セミドライイースト
　（サフ セミドライイーストゴールド）　2g

モルトエキス（ユーロモルト［日仏商事］）　2g

発酵パン生地　100g

＊ 発酵パン生地は、パン・トラディショナル生地
　を二次発酵させたもの。はじめて仕込む場合
　は、加えなくてよい。

■温度・時間　捏上温度24℃

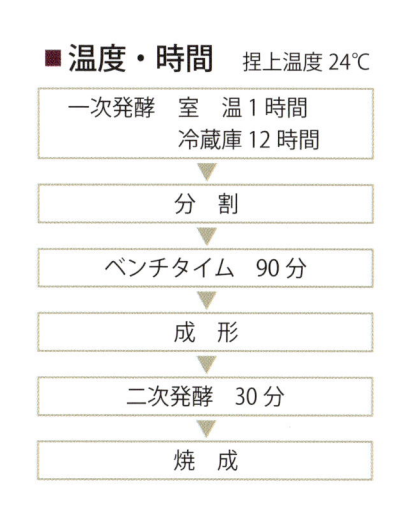

| 一次発酵 室　温 1 時間 |
| 冷蔵庫 12 時間 |

| 分　割 |

| ベンチタイム　90 分 |

| 成　形 |

| 二次発酵　30 分 |

| 焼　成 |

基本の作り方

4 捏ね温度は24℃、夏場は23℃。

表面に光沢が出ているのが捏ね上げの最高の状態。

5 ホイロで30分発酵させる。ホイロの設定は28℃、湿度75%。

1 ミキサーに水と粉を入れ、低速で3分ミキシングする。イーストを加え、さらに1分ミキシングする。

イーストはオートリーズの前に加えることで、より分散しやすくなる。

6 1回目のパンチを行う。

手に生地がつかないように水を加えながら、カードを使って四方から生地を折りたたみ、軽く伸ばす。強く押さえすぎてコシをつけすぎないように注意。
発酵させるさいは、生地の量に合うサイズの番重を使うこと。番重が大きすぎると生地が広がってコシが弱くなり、逆に小さすぎるとコシがつきすぎてしまう。

2 15〜20分寝かせ、水和させる（オートリーズ法）。

イーストで発酵が進むため、長時間放置せず、水和したら次の作業に進むこと。

7 さらに30分発酵させ、2回目のパンチを行う。

1回目と同様の方法でパンチを行う。焼き上がりにボリュームを出したいパンや、厚みがあるほうが成形を行いやすいパンは、2回目もグルテンを出す強いパンチを行う。

8 5℃の冷蔵庫で12時間寝かせる。

3 発酵パン生地、モルトを入れて低速で3分ミキシングし、塩を加えてさらに低速で11分ミキシングする。

低い温度でゆっくり回すほうが伸びがよくしなやかに仕上がる。

9 28〜30℃の場所で30分復温させる。生地の表面に粉をふり、番重から裏返して取り出す。350gの長方形に分割し、半分に折りたたむ。

約10cm×20cmの長方形に生地を分割し、半分に折りたたむ。分割時に成形をイメージしてサイズを決めておくことで、成形時の生地への負担を軽減できる。重量合わせに生地を足すときも均一な厚みになるように意識すること。

10 継ぎ目をつまんでとじ、筒状にやさしく形を整える。

15 とじ目をつまみ、やさしく転がして棒状に整える。とじ目を下にして布取りする。

あえてガスを抜かずに成形することで、二次発酵の時間を短縮できる。気泡があればピケでつぶしておく。

16 二次発酵を30分行う。

11 とじ目を下にして台に押しつけ、ガスを抜く。

気泡はピケでつぶしておく。

17 表面に粉をふってスリップピールに移し、クープナイフで1本縦にクープを入れる。

12 裏返し、気泡を見つけたらさらにピケでつぶす。粉を軽くふった番重にのせる。

13 ベンチタイムを90分とる。

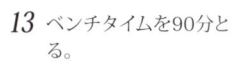

18 上火250℃、下火230℃のオーブンで20分焼成する。スチームは生地を入れる直前と直後に入れる。

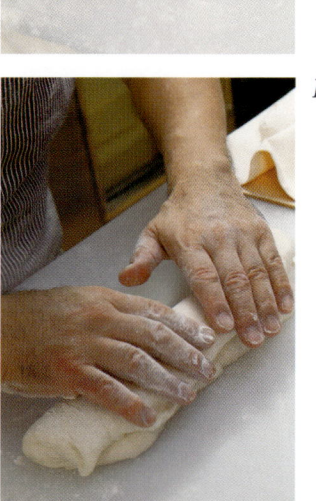

14 成形を行う。手粉が生地の中に入らないように注意しながら、生地を半分に折りたたむ。

オレイエ

フランス語で「枕」を意味するオレイエは、その名のとおり長方形に焼き上げたフランスパンです。バタールよりもさらに優しい成形方法で、ガスを閉じ込めたまま焼き上げます。見た目はどっしりとしていますが、内層はバタールよりも粗く、フランスパンの中でもっとも軽やかな食感です。

分割・成形

A 手粉が生地の中に入らないよう注意しながら、生地をくるりと丸める。力を入れすぎず、軽くやさしく巻くのがポイント。生地の厚いほうから薄いほうに向かって巻くと、焼いたときに継ぎ目のエッジが立ち、シャープな見た目に仕上がる。

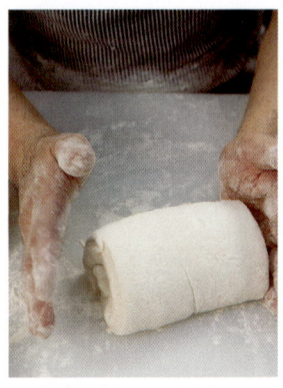

B 巻き終わりが生地の真ん中にくるように形を整え、とじ目を下にして布取りする。気泡があればピケでつぶしておく。

焼　成

C 表面に粉をふり、とじ目を上にしてスリップピールに移す。とじ目に軽く霧吹きをして窯入れすると、とじ目が開きやすくなり、焼き上がりに表情が出る。

■材料

パン・トラディショナル生地

■作り方

1 パン・トラディショナルの基本の作り方（1〜8）と同様に生地を作り、一次発酵を行う。

2 28〜30℃の場所で30分復温させ、350gの正方形に近い長方形に分割する。

3 ベンチタイムをとらずに巻いて成形する。

4 二次発酵を60分行う。

5 表面にまんべんなく粉をふる。

6 上火250℃、下火230℃のオーブンで18〜20分焼成する。スチームは生地を入れる直前と直後に入れる。

ハードトースト

強いパンチでコシをつけた山食形のフランスパンです。上部 3cmほどは内層が粗く、その部分が
よく焼き込まれ、皮のざっくりとした食感と内側のもっちりとした食感のコントラストがきい
ています。

焼き上がったらすぐにオリーブオイルを塗って染み込ませ、香りとつやをつけました。山形トー
ストの醍醐味であるハードな外皮をより魅力的に見せる工夫です。

■材料

パン・トラディショナル生地

■作り方

1 パン・トラディショナルの基本の作り方 (1〜8) と同様に生地を作り、一
 次発酵を行う。ただし、2回目のパンチは、バタールとは方法が異なる。
2 冷蔵庫から出したての生地を500gに分割し、丸める。
3 ベンチタイムを90分とり、成形して2玉ずつ型に詰める。
4 二次発酵を120分行う。
5 表面を霧吹きで湿らせ、数か所ピケしてガスを抜く。
6 上火250℃、下火240℃にオーブンを温めておき、生地を入れて上火
 200℃、下火240℃に設定して30〜40分焼成する。スチームは生地を入れ
 る直前と直後に入れる。
7 焼き上がったらすぐにオリーブオイルを塗る。

A 2回目のパンチは、指を生地の中に入れて押さえ、全体の厚みを均一に調整するだけにとどめる。ハードトーストはコシをつけすぎると表面がやぶれやすく、歯切れよさよりも粘りの強い焼き上がりになりやすいので、2回目は極力グルテンを出さない方法で行う。

分　割

B 手粉や空気が生地の中に入らないよう注意しながら、四方から生地を折りたたんで楕円形に丸め、叩いてガスを抜く。粉のかたまりが生地に入らないよう、手粉はつけすぎないこと。

C とじ目を上にし、生地を縦において空気を巻き込まないように注意しながら巻く。湿度が高い日は生地がゆるみやすいため、丸めをもう1度行う。強く丸めたぶん、ベンチタイムは長くとる。

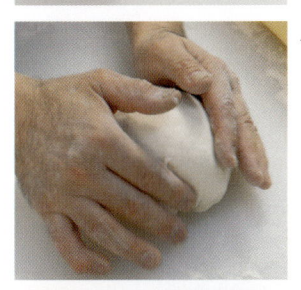

D 両手で生地をすくうようにして形を丸く整え、番重に並べる。今回は1度だけ巻いたが、生地の状態に合わせて巻く回数は変化させるとよい。巻き回数を増やすほどコシがつく。

成　形

E 生地をとじ目を上にして取り出し、半分に折りたたむ。叩いてガスを抜き、さらに半分に折りたたんで軽く転がし、流線形に整える。叩いて気泡をつぶす。

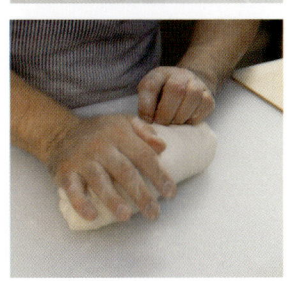

F 裏返したら再度半分に折りたたみ、軽く転がして流線形に整える。

G 生地を縦におく。

H 空気を巻き込まないように注意しながら巻く。生地が固い場合は、やさしく転がすように巻くとよい。

I やさしく形を整える。

J とじ目を下にして型に2玉ずつ入れる。型の内側にはあらかじめオイルスプレー（クリーンクック［ミヨシ油脂］）をふっておく。

焼　成

K 焼く前に数か所ピケしてガスを抜く。生地を濡らしながら行うことで、開けた穴がふさがらず、うまくガスが抜ける。穴の中に水が入るように意識しながら霧吹きで濡らすとよい。

L 焼き上がったらすぐにオリーブオイルを塗る。焼きたてでないと生地に染み込まないので注意。

パン・オ・ゾリーブ

軽やかで歯切れよいトラディショナル生地にグリーンオリーブのシャープな塩味がマッチした10年来の定番商品。「オリーブ畑発祥の地」を記念した神戸市主催のイベントのさいに開発しました。「オリーブ・ドゥ・リュック」社が輸入しているオリーブは、うま味があり、粒がふっくらしていてジューシー。オリーブの品質の高さがそのままパンのおいしさにつながっています。オレイエと同じく手間いらずの成形で、すばやく仕込めるところも定番化のポイントです。

■ 材料

パン・トラディショナル生地　1kg

種抜きグリーンオリーブ（スライス）［オリーブ・ドゥ・リュック］　200g

■ 作り方

1　パン・トラディショナルの基本の作り方（1〜4）と同様に生地を作り、グリーンオリーブを混ぜ込む。

2　パン・トラディショナルの基本の作り方（5〜8）と同様に一次発酵とパンチを行う。

3　28〜30℃の場所で50分復温させた生地を280gの正方形に近い長方形に分割する。

4　ベンチタイムをとらずに巻いて成形する。

5　二次発酵を60分行う。

6　表面にまんべんなく粉をふる。

7　上火250℃、下火230℃のオーブンで18〜20分焼成する。スチームは生地を入れる直前と直後に入れる。

混ぜ込み

A グリーンオリーブはオリーブ ドゥ リュック社が厳選したフランス産を使用。みずみずしく、ふっくらとした食感が気に入っている。

成形

D オレイエ（68ページ）と同様に成形する。

B レザンレザン（32ページ）と同様にカードで生地を切って重ね、グリーンオリーブを混ぜ込む。分割・成形時にオリーブが生地表面に極力出ないように考えながら生地を重ねること。

E 生地から飛び出しているオリーブがあれば、二次発酵前にピケで取り出しておく。

C 2回目のパンチは、基本の作り方と同様に指を生地の中に入れて押さえ、全体の厚みを均一に調整するだけにとどめる。四方から折りたたんでコシをつけすぎると、伸びが悪く成形しづらくなる。

パン・オ・ブール・ド・メール

国産の発酵バター「ブリーズ・ドゥ・メール ブール フェルマンテ」を贅沢に使用。シンプルな
トラディショナル生地を使用することで、クロワッサンよりもストレートにバターの風味を楽
しめます。成形時まで固形のバターを残しておくと、焼いてもバターが生地に完全になじまず、
噛むたびに油脂が染み出て、存在感を感じられます。

■材料

パン・トラディショナル生地　1kg

発酵バター［タカナシ乳業］　200g

■作り方

1　パン・トラディショナルの基本の作り方（1〜4）と
　同様に生地を作り、2cmの角切りにした発酵バター
　を混ぜ込む。

2　パン・トラディショナルの基本の作り方（5〜8）と
　同様に一次発酵とパンチを行う。

3　28〜30℃の場所で60分復温させた生地を200gの正
　方形に近い長方形に分割する。

4　ベンチタイムをとらずに巻いて成形する。

5　二次発酵を30分行う。

6　表面にまんべんなく粉をふり、オーブンペーパーに
　並べる。

7　上火250℃、下火230℃のオーブンで18分焼成する。
　スチームは生地を入れる直前と直後に入れる。

混ぜ込み

A 「ブリーズ・ドゥ・メール ブール フェルマンテ」は、タカナシ
乳業とイズニーサントメール酪農協同組合の共同で開発した乳
製品ブランド。この発酵バターは華やかな香りと豊かな風味が
味わえる。

B レザンレザン（32ページ）
と同様にカードで生地を
切って重ね、発酵バター
を混ぜ込む。

C 生地の温度が上がってバターが溶けないよう、混ぜ込み回数
は最小限に抑える。

D 2回目のパンチは、基本
の作り方と同様に指を生
地の中に入れて押さえ、
全体の厚みを均一に調
整するだけにとどめる。
四方から折りたたんでコ
シをつけすぎると、伸び
が悪く成形しづらくなる。

食物繊維のフィセル

食後の血糖値上昇をおだやかにする効果を持った水溶性の食物繊維「イソマルトデキストリン」を練り込んだ、身体にやさしいフランスパンです。イソマルトデキストリンは粉末状で、そのままでは生地にうまく混ぜ込めず、水に溶かして加えるとグルテンを破壊するため生地がつながりづらくなります。そこで、イソマルトデキストリンを溶かした水を寒天で固めてから加え、グルテンの破壊を抑えています。

寒天が入ることで水分量が増し、薄皮で中はもっちりとした高加水パンに近い独特の食感に変化するのも、面白いところです。

■材料

パン・トラディショナル生地　1kg

ファイバー寒天　150g

太白胡麻油［竹本油脂］　適量

■作り方

1　パン・トラディショナルの基本の作り方（1〜4）と同様に生地を作り、ファイバー寒天を加えてスパイラルミキサーの低速で4分、高速で10分ミキシングする。

2　パン・トラディショナルの基本の作り方（5〜8）と同様に一次発酵とパンチを行う。ただし、2回目のパンチはハードトーストとは方法が異なる。

3　28〜30℃の場所で60分復温させた生地を200gの長方形に分割して丸める。

4　ベンチタイムを30分とり、太白胡麻油を塗って成形する。

5　二次発酵を60分行う。

6　表面にまんべんなく粉をふり、とじ目を上にしてスリップピールに移す。

7　上火250℃、下火230℃のオーブンで17〜18分焼成する。スチームは生地を入れる直前と直後に入れる。

ファイバー寒天

■材料

ファイバリクサ［ナガセヴィータ］　250g

ル・カンテンウルトラ［伊那食品工業］　60g

水　500g

■作り方

1　ファイバリクサとル・カンテンウルトラに水を加えて混ぜ合わせ、温めてル・カンテンウルトラを溶かす。

2　冷蔵庫で冷やし固める。

混ぜ込み

A 出来上がった生地にファイバー寒天を加える。ファイバリクサを水に溶かしただけでは水分量が多すぎて生地がうまくつながらない。寒天で固めることで、生地に練り込みやすくなる。

B 食物繊維が入ると生地が緩むので、ミキシングを長く取り、しっかりつなげたほうが焼いた時にふくらみがよい。

C 捏ね上げ時にはまとまりきらなくてよい。生地を引っ張り、底からきれいに剥がせる程度までつながっているのが目安。

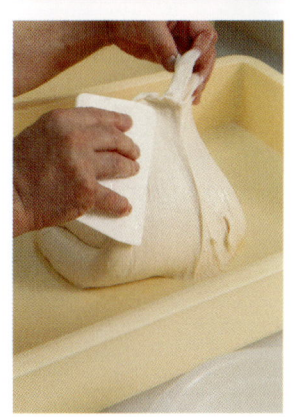

D 2回目のパンチも1回目と同様に四方から生地を折りたたみ、コシをつける。厚みが出すぎないように生地同士を重ねすぎず、四隅が少し重なる程度にとどめておくと、このあとの分割・成形が行いやすい。

E 長めの長方形に分割する。重量合わせに生地を足すときも均一な厚みになるように意識すること。

F 手粉が生地の中に入らないように注意しながら、両端から生地をつまんで継ぎ目を閉じ、筒状に形を整える。

G とじ目を上にして番重に並べる。基本的に番重には粉をふらないが、この生地の場合はべたつくので、番重に粉をふっておく。

H 生地の片側に太白胡麻油を塗る。

I 生地を取り出し、両端から生地をつまんで継ぎ目を閉じる。油を塗ることで焼いたときに継ぎ目がほどよく開き、自然な割れ目が表現できる。余分な粉を落とし、気泡があればつぶしておく。

J とじ目を下にして、米粉をふったキャンバス地に布取りする。べたつく生地の場合は、小麦粉よりも米粉を使うほうが布に張りつきづらい。

クリームあんパン

カスタードクリームと粒あんを食物繊維のフィセル生地で包みました。食べるとまずは粒あんが口に入り、あとからカスタードクリームが感じられるように包み方を工夫しており、味わいのグラデーションが楽しめます。

包むときは生地のふちに油を塗っておくと、とじ目が完全に接着せず、焼き上がったときにとじ目が自然と開き、中のクリームが覗きます。

■材料

食物繊維のフィセル生地　100g
粒あん　35g
カスタードクリーム（80ページ）　20g
太白胡麻油［竹本油脂］　適量

■作り方

1　食物繊維のフィセル（76ページ）の作り方（1〜3）と同様に生地を作り、一次発酵とパンチを行う。

2　28〜30℃の場所で60分復温させた生地を100gの正方形に分割して軽く丸め、叩いてガスを抜く。

3　ベンチタイムを30分とり、粒あんとカスタードクリームを包む。

4　二次発酵を40〜50分行う。

5　表面にまんべんなく粉をふり、とじ目を上にしてスリップピールに移す。

6　上火250℃、下火230℃のオーブンで15分焼成する。スチームは生地を入れる直前と直後に入れる。

カスタードクリーム

■材料

グラニュー糖　200g

牛乳 [タカナシ乳業]　1300g

加糖卵黄 (ロワール [中沢乳業])　300g

食塩不使用バター [タカナシ乳業]　140g

ゲル化剤 (イナゲルV-425 [伊那食品工業])　70g

バニラペースト (ジュペ バニラシーズペースト [ナリヅカコーポレーション])　100g

■作り方

1　カスタードクリームを作る。加糖卵黄とグラニュー糖をすり混ぜ、ゲル化剤を加えて混ぜ合わせる。

2　沸騰直前まで温めた牛乳を1に加えて混ぜ合わせる。

3　鍋に戻して中火にかけ、木べらで混ぜながらとろみがつくまで炊く。

4　火からおろしてバターとバニラペーストを加えて混ぜ合わせ、器に移す。空気が入らないようにラップを張りつけ、さます。

分　割

A 生地を手にのせ、生地を外側から中心へと寄せるようにやさしく丸め、表面と形を整える。ここできれいに丸めておかないと成形しづらくなる。コシはつけたくないので、強く丸めないこと。粉をふった番重にとじ目を上にして並べて、押さえてガスを抜く。

D 両手で生地を持ってやさしく包み込む。

成　形

B 生地のふちに太白胡麻油を塗る。油を塗って包むことで生地同士が完全には接着せず、焼いたときにとじ目が自然に広がって中の具材が見える。

E 端をつまんで閉じ、丸く形を整える。とじ目を下にして米粉をふったキャンバス地にのせる。

C 粒あんを太白胡麻油の内側にリング状に絞り、中心にカスタードクリームを絞る。絞り袋の先を生地の中に差し込んで中にクリームを絞ると、生地の表面からクリームがもれづらい。

黒ごまとクルミのフランス

自家製の黒ごまペーストを練り込み、グリッシーニにしました。黒ごまペーストはミキサーで完全に混ぜ込むと味がぼやけてしまいますが、手作業でマーブル状になるように混ぜ具合を調整することで、味にメリハリが生まれます。

黒ごまペーストは、ごまとごま油を数種類組み合わせ、風味を最大限に引き出した自信作。生地の水分量にも変化が出ないように固さを調整してあります。

グリッシーニ

■材料

パン・トラディショナル生地　1kg
黒ごまミックスピューレ　200g
クルミ［戸倉商事］　200g

■作り方

1　パン・トラディショナルの基本の作り方（1〜4）と同様に生地を作り、黒ごまミックスピューレとクルミを混ぜ込む。

2　パン・トラディショナルの基本の作り方（5〜8）と同様に一次発酵とパンチを行う。

3　28〜30℃の場所で60分復温させ、100gの長方形に分割する。

4　棒状に伸ばし、軽くねじって形を整える。

5　二次発酵を40分行う。

6　上から粉をふる。

7　上火250℃、下火230℃のオーブンで13分焼成する。スチームは生地を入れる直前と直後に入れる。

黒ごまミックスピューレ

■材料

黒ごまペースト　50g
黒ごま、白ごま　各40g
太白胡麻油　12g
太香胡麻油　8g
寒天蜂蜜［伊那食品工業］　50g
＊ごま製品はすべて竹本油脂製を使用。

■作り方

1　寒天蜂蜜以外の材料を混ぜ合わせ、すべてが混ざったところで蜂蜜寒天を加えて混ぜ合わせる。

混ぜ込み

A 捏ね上げた生地の上に黒ごまミックスピューレをできるだけ薄く全体に伸ばす。

B 上からクルミを広げる。レザンレザン（32ページ）と同様にカードで生地を切って重ね、具材を混ぜ込む。

C 混ぜる回数を減らせば生地と黒ごまピューレがはっきりとしたマーブル状になり、回数を増やせば生地と具材の一体感が増す。目指す味わいに応じて回数は調整するとよい。

D 最後は生地を横一文字に切り、断面を上にして並べる。混ざり具合が確認できるだけでなく、生地の面積が広がり、パンチが行いやすくなる。仕上げに軽く押さえてパンチしやすいサイズに生地を広げておく。

分割・成形

E 手粉が生地の中に入らないように注意しながら、分割した生地を両端からつまんで継ぎ目をとじる。

F 両手で転がして棒状に伸ばす。軽くねじりながら伸ばすことで、マーブル模様が際立つ。

アレンジ

G 焼き上がったグリッシーニをスライスして太香胡麻油を塗り、塩をふって乾燥焼きにすると、酒にも合う塩味ラスクになる。

黒ごまとクルミのフランス　マスカルポーネ

黒ごまとクルミのグリッシーニをさらにアレンジ。黒ごまの強い風味に合わせ、コクのあるマスカルポーネを包みました。形を変えることでクラムとクラストのバランスが変化し、グリッシーニとは違うしっとり、もっちりとした食感に仕上がります。

■材料（パン1個分）

黒ごまとクルミのフランス生地　100g
マスカルポーネ［タカナシ乳業］　20g

■作り方

1　黒ごまとクルミのフランスの作り方（1〜2）と同様に生地を作る。

2　28〜30℃の場所で60分復温させ、100gの正方形に分割し、マスカルポーネ20gを包んで成形する。

3　二次発酵を40分行う。

4　とじ目を上にしてスリップピールにのせ、上から粉をふる。

5　上火250℃、下火230℃のオーブンで16分焼成する。スチームは生地を入れる直前と直後に入れる。

分割・成形

A　分割した生地の中心にマスカルポーネを絞る。

分割

B　両手で生地を持ってマスカルポーネをやさしく包み、丸く形を整える。とじ目を下にして粉をふったキャンバス地に布取りする。ベンチタイムはとらずに二次発酵させる。

C　とじ目を上にして焼成することで、とじ目が自然に割れてマスカルポーネが覗く。

豆乳クリーミーフランス

マメマージュは、低脂肪豆乳を主原料とするクリームチーズのような豆乳発酵食品。あっさりと食べやすく、口溶けのよさが魅力です。このマメマージュを生地に練り込んでみると、極上のしっとり感と、フランスパンらしい皮のざっくり感が両立した唯一無二のパンが完成しました。

非常に柔らかく扱いが難しい生地で、発酵がオーバーするとより難易度が上がってしまうため、発酵具合は普段以上にシビアにチェックするよう心がけています。

■材料

パン・トラディショナル生地　1kg
豆乳発酵食品
　（マメマージュ［不二製油］）
　300g
太白胡麻油［竹本油脂］　適量

■作り方

1 パン・トラディショナルの基本の作り方(1〜4)と同様に生地を作り、マメマージュを加えて縦型ミキサーの低速で4分、高速で8分ミキシングする。

2 パン・トラディショナルの基本の作り方(5〜8)と同様に一次発酵とパンチを行う。ただし、2回目のパンチはハードトーストとは方法が異なる。

3 28〜30℃の場所で60分復温させた生地を200gの正方形に分割して丸める。

4 ベンチタイムを30分とり、太白胡麻油を塗って成形する。

5 二次発酵を30分行う。

6 表面にまんべんなく粉をふり、とじ目を上にしてスリップピールに移す。

7 上火250℃、下火230℃のオーブンで16〜17分焼成する。スチームは生地を入れる直前と直後に入れる。

混ぜ込み

A 出来上がった生地にマメマージュを3回に分けて少しずつ混ぜ込む。

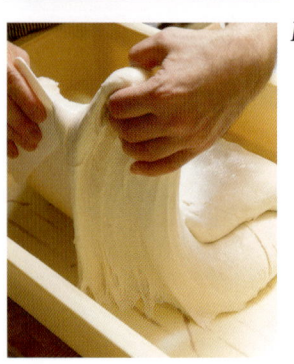

B このパンの場合は、2回目のパンチも1回目と同様に四方から生地を折りたたみ、コシをつける。非常に柔らかくべたつく生地なので、カードを使ってパンチをするとよい。

分割

C 生地の表面にたっぷり粉をふり、裏返して生地を取り出す。非常に柔らかくべたつきやすい生地なので、表面を破らないように手粉は多めに使い、慎重に作業を行う。

D 分割した生地を両手で持ち、生地を外側から中心へと寄せるようにやさしく丸める。

E やさしく形を整えたら、とじ目を下にして番重に並べ、ベンチタイムをとる。番重にも粉をたっぷりふっておく。

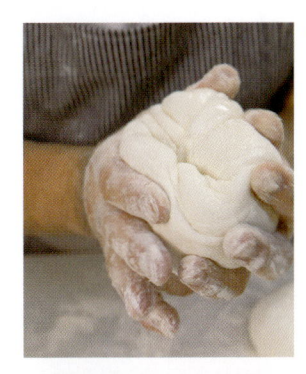

G カードで番重からすくい取り、手の平にのせて生地を外側から中心へと寄せるようにやさしく丸める。端は閉じずに軽くつまむだけにとどめる。

成 形

F 太白胡麻油を生地のふちに塗る。油を塗った部分は生地同士がくっつかず、閉じ目がきれいに割れてシャープな形に焼き上がる。

H とじ目を下にして、米粉をふったキャンバス地に布取りする。べたつく生地の場合は、小麦粉よりも米粉を使うほうが布に張りつきづらい。

フランス・ソイ

生地の中に豆乳クリームバターを練り込みました。豆乳クリームバターは通常のバターに比べて融点が低く、パンが柔らかくさっくり焼き上がります。冷やしてもパンが固くならず、歯切れよさを維持できるので、冷蔵ケースに並べるサンドイッチなどに仕立てるのにも最適です。バターはミキシング時に生地に加えるのが一般的ですが、捏ね上げた生地にあとから豆乳クリームバターを混ぜ込むことで、サクサク感がアップします。

■材料

パン・トラディショナル生地　1kg
豆乳クリームバター（ソイレブール［不二製油］）
100g

■作り方

1　パン・トラディショナルの基本の作り方（1〜4）と同様に生地を作り、豆乳クリームバターを加えて縦型ミキサーの低速で3〜4分、高速で6分ミキシングする。

2　パン・トラディショナルの基本の作り方（5〜8）と同様に一次発酵とパンチを行う。ただし、2回目のパンチはハードトーストとは方法が異なる。

3　150gの正方形に分割して丸める。

4　ベンチタイムを60分とり、丸めて成形する。

5　二次発酵を60分行う。

6　表面にまんべんなく粉をふり、8か所切り込みを入れる。

7　上火250℃、下火230℃のオーブンで14分焼成する。スチームは生地を入れる直前と直後に入れる。

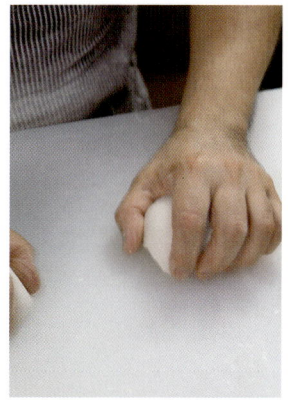

分　割

C 分割した生地を軽く丸める。力を入れすぎず、軽く丸める程度にとどめる。

D とじ目を下にして番重に並べ、押しつけてガスを抜く。

混ぜ込み

A 出来上がった生地に豆乳クリームバターを混ぜ込む。後から加えることでサックリとした食感に焼き上がる。

成　形

E 生地を手にのせ、生地を外側から中心へと寄せるようにやさしく丸める。成形でなるべくコシをつけないことで、食感がより軽くなる。とじ目を下にしてオーブンペーパーにのせ、二次発酵を行う。

B このパンの場合は、2回目のパンチも1回目と同様に四方から生地を折りたたみ、コシをつける。

焼　成

F 全体に粉をふり、ハサミで切り込みを8か所入れる。

タコスミートとジャガイモチーズのパン
フランス・ソイのリコッタ&ジャム

歯切れのよいフランス・ソイは、具材と一緒にパンが噛みきれるので、フランスパンの中でも特に具材を包むのに向いています。ここでは、タコスミートとじゃがいもを包んだ惣菜パンと、リコッタとみかんジャムを包んだおやつパンの2種類を紹介します。

シンプルで包容力のある生地なので、ぜひ色々なアレンジを楽しんでみてください。

■材料

タコスミートとジャガイモチーズ

フランス・ソイ生地（88ページ）　150g
タコスミート［沖縄ハム］　20g
じゃがいも（ゆでてダイスカットにしたもの）
　　［ケンコーマヨネーズ］　15g
くんちゃまベーコン［沖縄ハム］　15g
粒マスタード（神戸ワインマスタード［平郡商店］）　5g
細切りシュレッドチーズ
　（1mm ゴーダミックスチーズ［中沢チーズ］）　20g
オリーブオイル　適量
チーズパウダー　（NZ　パルメザンパウダー［中沢チーズ］）　適量

リコッタ&ジャム

フランス・ソイ生地（88ページ）　150g
リコッタ［タカナシ乳業］　30g
自家製みかんジャム　10g

＊ くんちゃまベーコンは豚首肉を使った
　沖縄名物のベーコン。

タコスミートの成形

A ベンチタイム後、押しつけてガスを抜いた生地にタコスミートを絞る。

C 両手で生地を持って具材をやさしく包み込む。

B タコスミートの上に、じゃがいも、ベーコン、マスタード、シュレッドチーズを順番にのせる。

D 端をつまんでとじ、丸く形を整える。とじ目を下にしてオーブンペーパーに並べる。

タコスミートとジャガイモチーズ

リコッタ＆ジャム

焼成

E 表面にオリーブオイルを
塗り、チーズパウダーを
ふりかける。

リコッタ＆ジャムの成形

F 生地にみかんジャムをの
せ、その上にリコッタをの
せる。

■ 作り方

1 フランス・ソイの作り方(1〜2)と同様に生地を作る。

2 150gの正方形に分割して丸める。

3 ベンチタイムを60分とる。

4 タコスミート用は、タコスミート、じゃがいも、角切り
にしたベーコン、マスタード、シュレッドチーズを順に
のせて包む。リコッタ＆ジャム用はリコッタとみかん
ジャムをのせて包む。

5 二次発酵を60分行う。

6 タコスミートには表面にオリーブオイルを塗り、パル
メザンチーズをふりかける。リコッタ＆ジャムには表
面にまんべんなく粉をふる。どちらもハサミで十字
に切り込みを入れる。

7 上火250℃、下火230℃のオーブンで14分焼成する。
スチームは生地を入れる直前と直後に入れる。

Pain de mie

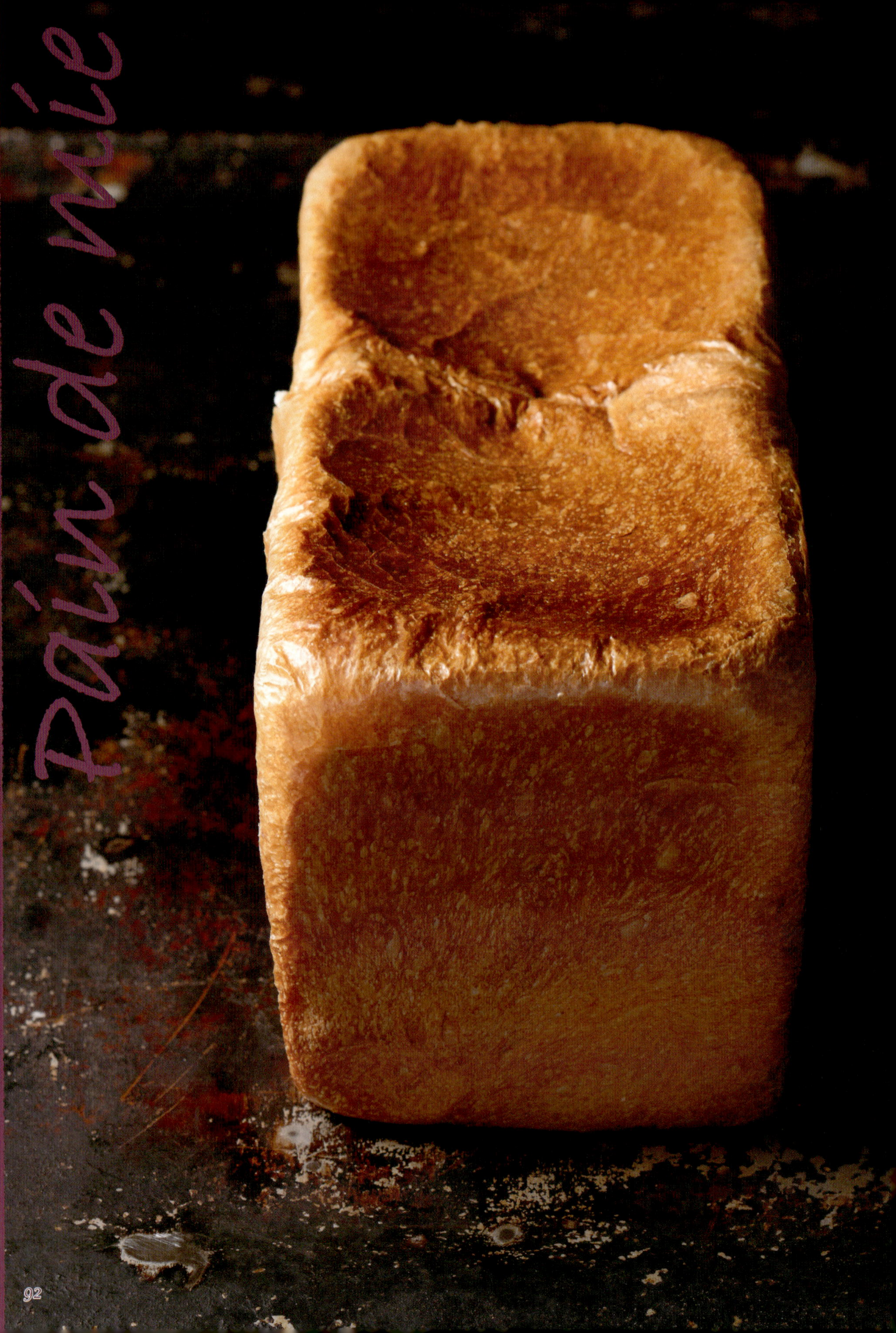

パン・ド・ミ

・・・

「未来につなげるパン作り」を考えたとき、健康への配慮は避けては通れない問題です。

以前は、私も湯種を使ってもちもちで甘い食パンを作っていましたが、コロナ禍をきっかけに大きく方向転換し、配合を1から見直しました。

現在は、「日常的に食べても安心な身体にやさしい食パン」を目指し、糖質をできるだけ抑え、塩分も控えて、さっくりとした軽やかな味わいへと変化させています。主張しすぎず、どんな具材にも合わせやすい万能選手なので、サ・マーシュの中でももっともアレンジのバリエーションが多い生地です。

油脂はバターと乳等を主原料とする食品を組み合わせ、さっくり感の中になめらかでほどよいしっとり感を両立させました。バターならではの香り高さが感じられる点も魅力です。

食パン生地は油脂分が多い分、小麦粉はタンパク量の多い力強いタイプが求められます。そこで、国産小麦の中でもっともタンパク量の多い品種「ユメチカラ」を100%使用した「夢カップ・シングル」を選んでいます。

■ 基本の配合

強力粉 (夢カップシングル [旭製粉]) 1000g

水 680g

塩 (淡路島の藻塩) 15g

グラニュー糖 50g

セミドライイースト
　(サフ セミドライイーストゴールド) 5g

脱脂濃縮乳 [タカナシ乳業] 2g

食塩不使用バター [タカナシ乳業] 100g

乳等を主原料とする食品
　(パンテオンセレクトバターリッチ [ミヨシ油脂])
　100g

■ 温度・時間　捏上温度 24℃

一次発酵　室　温 1 時間 　　　　　冷蔵庫 12 時間
▽
分　割
▽
ベンチタイム　50 分
▽
成　形
▽
二次発酵　1 時間
▽
焼　成

基本の作り方

1 ミキサーに水、脱脂濃縮乳、粉、グラニュー糖、塩、セミドライイーストを入れ、低速で3分、高速で10分ミキシングする。

水は最初に600mℓほど残しておき、ある程度全体が混ざってから追加で残りを加える。水分量の多い生地は、最初から全量を加えるとまとまるのに時間がかかり、小麦粉の香りが飛びやすくなるので注意。

2 バター、パンテオンセレクトバターリッチを加えて低速で3分、さらに高速で6分ミキシングする。

バター類は握りつぶせるぐらいの固さがもっとも効率よく混ぜ込めて、ミキシングを短縮できる。

3 捏ね上げ温度は24℃、夏場は23℃。

表面に光沢がしっかり出ていれば捏ね上がり。

4 ホイロで30分発酵させる。ホイロの設定は28℃、湿度75%。

5 1回目のパンチを行う。

カードを使って四方から生地を折りたたみ、軽く押し伸ばして面積を広げる。強く押さえてコシをつけすぎないように注意。

6 さらに30分発酵させ、2回目のパンチを行う。1回目とはパンチの方法が異なる。

指を生地の中に入れて押さえ、全体の厚みを均一に調整するだけにとどめる。

7 5℃の冷蔵庫で12時間寝かせる。

番重の中に隙間ができないよう、生地は番重いっぱいに広げてから寝かせる。隙間があると、寝かせている間に隙間に水がたまってしまう。

8 28〜30℃の場所で120分復温させる。

9 生地の表面に粉をふり、番重から裏返して取り出す。500gに分割する。

10 手粉や空気が生地の中に入らないよう注意しながら、四方から生地を折りたたんで丸く形を整える。

歯切れよく仕上げたいので、モルダーを使わず、手作業でコシをつけないようにやさしく丸める。粉のかたまりが生地に入らないよう、手粉はつけすぎないこと。

11 番重に並べ、押さえてガスを抜きながら厚みを均一にする。50分のベンチタイムをとる。

厚みを揃えることで、発酵が均一に進みやすくなる。

12 成形のさいには、型の内側にあらかじめオイルスプレー（クリーンクック［ミヨシ油脂］）をふっておく。

13 生地をとじ目を上にして取り出し、叩いてガスを抜く。半分に折りたたんで軽く転がし、流線形に整える。

14 叩いて気泡をつぶす。

15 裏返し、再度半分に折りたたんで軽く転がし、流線形に整える。

16 生地を縦におき、空気を巻き込まないように注意しながら巻く。

17 やさしく形を整え、とじ目を下にして型に2玉ずつ入れる。

18 霧吹きで表面を濡らし、二次発酵を60分行う。

19 焼く前に再度霧吹きで表面を濡らし、数か所ピケしてガスを抜く。型にフタをする。

生地を濡らしながらピケすることで、開けた穴がふさがらず、うまくガスが抜ける。穴の中に水が入るように意識しながら霧吹きで濡らすとよい。

20 上火250℃、下火230℃にオーブ
ンを温めておき、生地を入れて上火
220℃、下火230℃に設定して40〜
45分焼成する。スチームは生地を入
れる直前と直後に入れる。

焼き上がったらすぐに型ごと台に打ち
つける。こうすることで熱い空気が抜け
て生地がコシ折れせずに安定する。型
から取り出し、裏返してさます。

パン・ド・ミの生地を使ったバリエーション

オレンジブレッド

黒ごまブレッド

桜クランベリーブレッド

オレンジブレッド

オレンジピールを水洗いし、甘味をほどよく抜いてから混ぜ込み、おやつパンだけでなく、食事にも合わせやすい爽やかな食パンにしました。甘味を抜くことで、ピールを大量に加えても味がくどくならず、オレンジの風味をより際立たせられます。「ブーランジェリー コム・シノワ」時代から人気の定番商品です。

■ 材料

パン・ド・ミ生地　1kg

オレンジピール
　（オレンジカット5mm A［うめはら］）　300g

■ 下準備

オレンジピールは水洗いし、軽く絞って水気を切っておく。（おおよそ250gに重量が減るが、そのまま使用する）

■ 作り方

1　パン・ド・ミの基本の作り方（1〜3）と同様に生地を作り、オレンジピールを混ぜ込む。

2　パン・ド・ミの基本の作り方（4〜8）と同様に一次発酵とパンチを行う。

3　復温させた生地を600gの長方形に分割し、俵形に丸める。

4　ベンチタイムを30分とり、なまこ形に成形して食パン型に入れる。

5　二次発酵を60分行う。

6　表面にまんべんなく粉をふる。

7　上火250℃、下火230℃にオーブンを温めておき、生地を入れて上火200℃、下火230℃に設定して35分焼成する。スチームは生地を入れる直前と直後に入れる。

混ぜ込み

A　レザンレザン（32ページ）と同様にカードで生地を切って重ね、オレンジピールを混ぜ込む。

B　最後は生地を横一文字に切り、断面を上にして並べる。こうすることで、混ざり具合が確認できるだけでなく、生地の面積が広がり、パンチが行いやすくなる。

C 仕上げに軽く押さえてパンチがしやすいサイズに生地を広げておく。

G とじ目をつまみ、叩いてガスを抜く。

分　割

D 手粉や空気が生地の中に入らないよう注意しながら、四方から生地を折りたたむ。

H 裏返してさらに軽く叩き、表面を霧吹きで軽く濡らしてから生地を半分に折りたたむ。

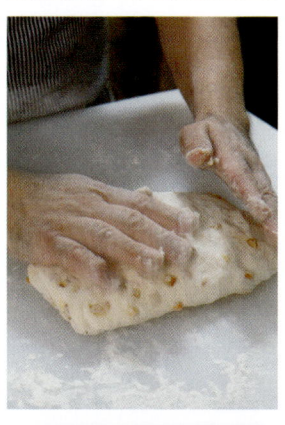

E コシをつけないように軽く転がして俵形に整え、押さえて厚みを均一にする。

I とじ目を下にしてブレッド型に入れる。焼くと中心が大きくふくらむので、中心がややへこむようにカーブをつけて型に入れるとバランスよく焼き上がる。型にはあらかじめオイルスプレーを塗っておくこと。

成　形

F 手粉が生地の中に入らないよう注意しながら、生地を半分に折りたたむ。

J 型の中で軽くパンチし、ピケで気泡をつぶして形を整える。霧吹きで全体を濡らしてホイロへ。焼成前にも再度霧吹きで表面を濡らし、ピケで穴を開ける。

黒ごまブレッド

自家製の黒ごまペーストを混ぜ込んだマーブル模様が美しい食パン。生地に混ぜ込める限界までペーストを加えています。マーブル状に混ぜ込むことで味の輪郭がはっきりし、黒ごまの風味がいっそう引き立ちます。

ペーストを混ぜ込むさいは、ペーストと生地の固さが同じぐらいになるように温度を調整しておくのがポイント。生地の温度が高すぎるとペーストがゆるんでうまく混ざりません。

■材料

パン・ド・ミ生地　1kg
黒ごまミックスピューレ（81ページ）200g

■作り方

1　オレンジブレッド（100ページ）を参照し、オレンジピールのかわりに黒ごまミックスピューレを混ぜ込んで同様に作る。ただし、食パン型のかわりにブレッド型を使用し、分割は400g、焼成時間は30分にする。

混ぜ込み

A 捏ね上げた生地の上に黒ごまミックスピューレをできるだけ薄く全体に伸ばす。

B レザンレザン（32ページ）と同様にカードで生地を切って重ね、具材を混ぜ込む。

C 混ぜる回数を減らせば生地と黒ごまピューレがはっきりとしたマーブル状になり、回数を増やせば生地と具材の一体感が増す。目指す味わいに応じて混ぜる回数は調整するとよい。

D 最後は生地を横一文字に切り、断面を上にして並べる。こうすることで、混ざり具合が確認できるだけでなく、生地の面積が広がり、パンチが行いやすくなる。仕上げに軽く押さえてパンチがしやすいサイズに生地を広げておく。

桜クランベリーブレッド

桜の葉の塩漬けとクランベリーを混ぜ込んだ春の限定品です。

クランベリーは水洗いしてトレハロースを混ぜ合わせ、保水性を高めながら味と香りを際立たせました。

桜の葉は香りと味が抜けないよう、塩抜きせずにそのまま加え、塩味もアクセントとして生かします。生地自体の塩分を減らしたことで具材の自由度が格段に上がり、アレンジの幅がいっそう広がっています。

■材料

パン・ド・ミ生地　1kg
ドライクランベリー［戸倉商事］　200g
桜の葉の塩漬け　30g

■下準備

ドライクランベリーは水洗いし、水分を絞る。クランベリーに対し、1%のトレハロースを加えて混ぜ合わせておく。

■作り方

1　オレンジブレッド（100ページ）を参照し、オレンジピールのかわりにドライクランベリーと桜の葉の塩漬けを混ぜ込んで同様に作る。ただし、食パン型のかわりにブレッド型を使用し、分割は400g、焼成時間は30分にする。

混ぜ込み

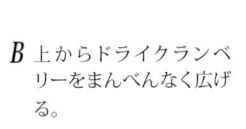

A 捏ね上げた生地の上に長方形に刻んだ桜の葉の塩漬けをちらす。桜の葉はあえて塩抜きせずに使用する。

B 上からドライクランベリーをまんべんなく広げる。

C レザンレザン（32ページ）と同様にカードで生地を切って重ね、具材を混ぜ込む。

食物繊維のブレッド

水溶性の食物繊維「イソマルトデキストリン」を生地に対して 8% 加えました。食後の急激な血糖値上昇を抑える効果が期待できる食パンです。ブレッド型で焼き上げ、クープの入れ方にも変化をつけて、通常の角食パンとは異なる特別感を演出しています。カナッペ風にも使いやすい手頃なサイズも人気の理由です。

■ 材料

パン・ド・ミ生地　1kg
ファイバー寒天（77ページ）　150g
すぐに使える かける本バター ［ミヨシ油脂］　適量

■作り方

1 パン・ド・ミの基本の作り方(1〜3)と同様に生地を作り、ファイバー寒天を加えてミキサーの低速で4分ミキシングする。

2 パン・ド・ミの基本の作り方(4〜8)と同様に一次発酵とパンチを行う。ただし、2回目のパンチは方法が異なる。

3 復温させた生地を350gの長方形に分割し、俵形に丸める。

4 ベンチタイムを30分とり、なまこ形に成形してブレッド型に入れる。

5 二次発酵を60分行う。

6 表面にまんべんなく粉をふる。切り込みを6か所入れ、かける本バターをたらす。

7 上火250℃、下火230℃にオーブンを温めておき、生地を入れて上火200℃、下火230℃に設定して25分焼成する。スチームは生地を入れる直前と直後に入れる。

パンチ

A このパンの場合は、2回目のパンチも1回目と同様に四方から生地を折りたたむ。食物繊維が入ると生地がゆるむので、強いパンチでコシをつけるのが目的だ。

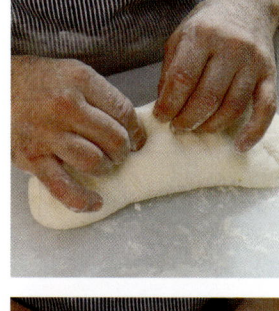

成形

D 手粉が生地の中に入らないよう注意しながら生地を半分に折りたたみ、とじ目をつまむ。裏返して叩き、ガスを抜く。

分割

B 手粉や空気が生地の中に入らないよう注意しながら、分割した生地を四方から折りたたむ。軽く転がして俵形に整え、押さえて厚みを均一にする。

E 再度半分に折り込んでとじ目をつまみ、ガスを抜いてやさしく転がし、棒状に整える。

C 裏返してさらに半分に折りたたみ、俵形に整える。とじ目を下にして番重に並べ、押さえて厚みを均一にする。

F 再度半分に折り込んでとじ目をつまみ、ガスを抜いてやさしく転がし、棒状に整える。

焼成

G 全体に粉をふり、ハサミでななめに切り込みを入れる。切り込みにかける本バターをたらす。オイルをたらすと風味がよくなり、焼いたときに割れ目もくっきり出る。

パッチワーク

　4色の生地をひとつの型に詰め、色とりどりの美しい断面に焼き上げました。今回は野菜ピューレで色づけていますが、アイデア次第でバリエーションは無限に広がります。生地ごとにふくらみ具合が異なるので、ふくらみが弱い生地は型の下側に並べたり、重量を増やしたりと、生地の状態に合わせて型の詰め方を微調整し、すべての生地を均一にふくらませるのがポイントです。

■材料

トマト生地
パン・ド・ミ生地 1kg

トマトピューレ 200g

ドライクランベリー［戸倉商事］ 200g

ほうれん草生地
パン・ド・ミ生地 1kg

ほうれん草ピューレ 200g

むきえだ豆［モリタン］ 200g

ピスタチオ（粗く刻んだもの）［イシハラ］ 100g

パンプキン生地
パン・ド・ミ生地 1kg

パンプキンピューレ 200g

オレンジピール（オレンジカット5mm A［うめはら］）
200g

黒ごま生地
パン・ド・ミ生地 1kg

黒ごまミックスピューレ（81ページ） 200g

■下準備

1　ドライクランベリーは水洗いし、水分を絞る。クランベリーに対し、1%のトレハロースを加えて混ぜ合わせておく。

2　オレンジピールは水洗いし、軽く絞って水気を切っておく。

3　トマトピューレは、トマトピューレ［カゴメ］1000gに対し、ル・カンテンウルトラ［伊那食品工業］60gを加え、温めてル・カンテンウルトラを溶かし、冷蔵庫で冷やし固める。

4　3と同様に、ほうれん草ピューレ［カゴメ］1000gに対し、ル・カンテンウルトラ［伊那食品工業］70g、パンプキンピューレ［カゴメ］1000gに対し、ル・カンテンウルトラ［伊那食品工業］30gを混ぜ合わせておく。

■作り方

1　トマト生地を作る。パン・ド・ミの基本の作り方（1〜3）と同様に生地を作り、トマトピューレを加えて縦型ミキサーの低速で5分ほどミキシングする。

2　生地の上にドライクランベリーを広げ、レザンレザン（32ページ）と同様にカードで生地を切って重ね、ドライクランベリーを混ぜ込む。

3　ほうれん草生地を作る。パン・ド・ミの基本の作り方（1〜3）と同様に生地を作り、ほうれん草ピューレを加えて縦型ミキサーの低速で5分ほどミキシングする。

4　生地の上にえだ豆とピスタチオを広げ、レザンレザン（32ページ）と同様にカードで生地を切って重ね、えだ豆とピスタチオを混ぜ込む。

5　パンプキン生地を作る。パン・ド・ミの基本の作り方（1〜3）と同様に生地を作り、パンプキンピューレを加えて縦型ミキサーの低速で5分ミキシングする。

6　生地の上にオレンジピールを広げ、レザンレザン（32ページ）と同様にカードで生地を切って重ね、オレンジピールを混ぜ込む。

7　黒ごま生地は、黒ごまブレッド（102ページ）と同様に生地を作る。

8　パン・ド・ミの基本の作り方（4〜8）と同様に、4種の生地をそれぞれ一次発酵させる。パンチを行うさいは、具材ができるだけ生地の表面に出てこないように心がける。

9　生地を復温させ、ほうれん草生地は170g、残りの生地は150gの長方形に分割し、棒状に丸める。

10　ベンチタイムを30分とり、棒状に成形して4種の生地を食パン型に詰める。

11　二次発酵を40分行う。

12　表面にまんべんなく粉をふり、型にふたをする。

13　上火250℃、下火230℃にオーブンを温めておき、生地を入れて上火200℃、下火230℃に設定して35分焼成する。スチームは生地を入れる直前と直後に入れる。

混ぜ込み

A 野菜ピューレはミキサー
　で混ぜ込み、ドライフ
　ルーツなど固形の具材
　は生地の上に広げ、カー
　ドで生地を切って重ねな
　がら混ぜ込む。

分　割

C ほうれん草生地は水分
　が多く、ほかの生地より
　も柔らかくてふくらみが
　弱いので、焼いたときに
　すべてが均一にふくらむ
　ように重量を増やしてお
　く。

B 混ぜ終えた4種の生地。
　それぞれに発酵と成形を
　行い、同じ型に詰めて焼
　き上げる。

成 形

D 食物繊維のブレッド（104ページ）を参照し、それぞれの生地を型の長さに合わせて棒状に整える。

E ほうれん草生地とトマト生地を横に並べて型に入れる。霧吹きで表面を濡らして接着をよくし、パンプキン生地と黒ごま生地をのせる。柔らかい生地を下にしたほうが、焼いたときに全体が均一にふくらみやすくなる。全体に霧吹きをかけ、二次発酵させる。

２種のチョコチップ・バンズ

ビターとキャラメルの２種類のチョコチップを生地に練り込み、味にメリハリをつけました。生地１kgに対してチョコチップを250gとふんだんに加えており、それだけでも十分に満足感がありますが、中にはさらにクーベルチュールチョコレートを忍ばせ、「小さな驚き」を楽しんでもらえるように工夫しています。チョコレート好きにはたまらないおやつパンです。

■材料

パン・ド・ミ生地　1kg

チョコチップ
（グレン・ノワール・セレクシオンCT
[ピュラトスジャパン]）
125g

キャラメルチョコチップ [森永商事]
125g

クーベルチュール・ミルクチョコレート
（ショコランテ・60デイズ・ベトナム・
ミルク57%CT）[ピュラトスジャパン]
パン1個に対し5g

■作り方

1　パン・ド・ミの基本の作り方（1〜3）と同様に生地を作り、2種のチョコチップを混ぜ込む。

2　パン・ド・ミの基本の作り方（4〜8）と同様に一次発酵とパンチを行う。

3　復温させた生地を180gに分割し、丸める。

4　ベンチタイムを30分とり、クーベルチュール・チョコレートを包む。

5　二次発酵を40分行う。

6　表面にまんべんなく粉をふり、切り込みを4か所入れる。

7　上火250℃、下火230℃にオーブンを温めておき、生地を入れて上火220℃、下火230℃に設定して15分焼成する。スチームは生地を入れる直前と直後に入れる。

混ぜ込み

A　レザンレザン（32ページ）と同様にカードで生地を切って重ね、2種のチョコチップを混ぜ込む。

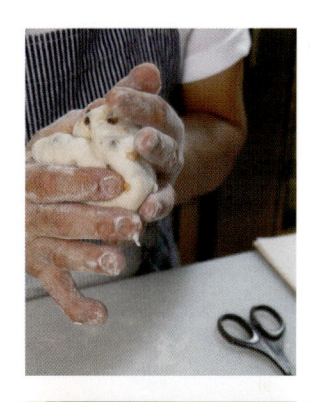

D　全体を霧吹きで湿らせ、両手で持って生地を外側から中心へ寄せるようにやさしく丸める。とじ目を下にしてオーブンペーパーにのせる。

分　割

B　分割したら粉を巻き込まないように丸め、一度押さえて余分なガスを抜く。丸め直して番重にのせ、軽く押さえる。分割時にひし形に切り分け、四方から折りたたむように丸めるとコシをつけずにやさしく丸められる。

焼　成

E　全体に粉をふり、ハサミで切り込みを対角に4か所入れる。

成　形

C　生地を裏返して取り出し、真ん中にクーベルチュール・チョコレートをのせる。

ピーチレモン・バンズ

風味のよい砂糖漬けの白桃と瀬戸内レモンのピールを混ぜ込んだ甘酸っぱいおやつパンです。どちらも風味は抜群によいのですが、これだけではやや酸味が足りないので、レモン汁を加えています。ただし、レモン汁をそのまま加えると生地がゆるんでしまうので、寒天で固めて混ぜ込み、生地の状態を保ったまま味のバランスだけを整えています。

■材料

パン・ド・ミ生地　1kg

砂糖漬け白桃（ピーチカット7ミリ（白桃）
　［うめはら］）　100g

レモンピール（瀬戸内レモンミンス4mmカット
　［松山丸三］）　100g

レモン寒天　30g

■作り方

1　パン・ド・ミの基本の作り方（1〜3）と同様に生
　地を作り、砂糖漬け白桃、レモンピール、レモン寒
　天を混ぜ込む。

2　パン・ド・ミの基本の作り方（4〜8）と同様に一
　次発酵とパンチを行う。

3　復温させた生地を80gに分割し、丸める。

4　ベンチタイムを30分とり、丸める。

5　二次発酵を40分行う。

6　表面にまんべんなく粉をふり、小さな十字に切り
　込みを入れる。

7　上火250℃、下火230℃にオーブンを温めておき、
　生地を入れたら火を消して8分焼成する。スチー
　ムは生地を入れる直前と直後に入れる。

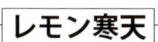

レモン寒天

■材料

レモン汁　100g

ル・カンテンウルトラ［伊那食品工業］　8g

■作り方

1　レモン汁にル・カンテンウルトラを加えて
　混ぜ合わせ、温めてル・カンテンウルトラ
　を溶かす。

2　冷蔵庫で冷やし固める。

混ぜ込み

A　レザンレザン（32ページ）
　と同様にカードで生地を
　切って重ね、具材を混ぜ
　込む。

分　割

B　分割したら粉を巻き込ま
　ないように丸め、一度
　押さえて余分なガスを抜
　く。丸め直して番重にの
　せ、軽く押さえる。

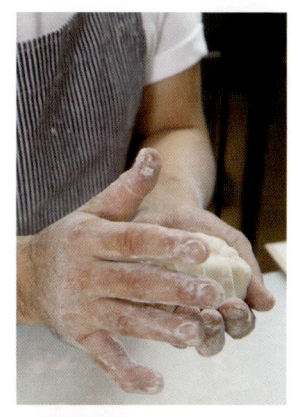

成　形

C　生地を裏返して取り出
　し、手の平にのせて生
　地を外側から中心へ寄せ
　るようにやさしく丸める。
　とじ目を下にしてオーブ
　ンペーパーにのせ、押さ
　えてガスを抜く。

焼　成

D　全体に粉をふり、ハサミ
　で小さめの十字に切り込
　みを入れる。

ミックス・バンズ

シリアルのグラノーラをイメージし、数種類のドライフルーツとナッツを組み合わせました。食べるたびに食感と味が変化し、飽きのこないおいしさです。食感と味のバランスを考え、ドライフルーツは種類ごとに下処理方法を変えています。また、ナッツを加えすぎると生地が締まりやすいので、フルーツよりも配合を控えめにしています。

■材料

パン・ド・ミ生地　1kg

オレンジピール（オレンジカット5mm A［うめはら］）
　100g

ドライクランベリー［戸倉商事］　100g

サルタナレーズン［戸倉商事］　150g

クルミ［戸倉商事］　150g

■下準備

1　ドライクランベリーは水洗いし、水分を絞る。クランベリーに対し、1%のトレハロースを加えて混ぜ合わせておく。

2　オレンジピールは水洗いし、軽く絞って水気を切っておく。

■作り方

1　ピーチレモン・バンズ（112ページ）を参照し、具材をオレンジピール、ドライクランベリー、サルタナレーズン、クルミに変更して同様に作る。ただし、分割は200gにする。焼成温度と時間は異なる。

2　上火250℃、下火230℃にオーブンを温めておき、生地を入れて上火220℃、下火230℃に設定して15分焼成する。スチームは生地を入れる直前と直後に入れる。

混ぜ込み

A　ドライフルーツとクルミを生地にたっぷり混ぜ込む。ナッツは水分を吸って生地が締まりやすくなるので、控えめに配合している。

２色あんパン＆栗あんパン

抹茶あんと粒あんを組み合わせた２色あんパンと、栗あんの上に渋皮煮をのせた栗あんパンの２種類を紹介します。どちらもあんは包まずに、生地の表面に絞って焼き、個性的な見た目に仕上げました。焼き上がったらあんの上にナパージュをたらしておくと、乾燥を防げます。栗はあらかじめラム酒に漬け込んでおき、風味をアップさせています。

■材料（パン1個分）

パン・ド・ミ生地

抹茶あん（特抹茶あん［松原製餡所］）　適量

粒あん（特別栽培粒あん［松原製餡所］）　適量

栗あん（渋皮マロンあん［松原製餡所］）　適量

栗の渋皮煮（愛媛県産 渋皮栗3級小割れ［松山丸三］）
　　適量

ナパージュ
　（ハーモニー・スブリモ・ヌートルPF［ピュラトスジャパン］）
　　適量

■作り方

1　パン・ド・ミの基本の作り方（1〜8）と同様に生地を作る。

2　復温させた生地を80gのひし形に分割し、丸める。

3　ベンチタイムを30分とり、丸めて成形する。分割と成形方法はピーチレモン・バンズ（112ページ）と同様に行う。

4　二次発酵を30分行う。

5　表面にまんべんなく粉をふり、指を入れてくぼみを2か所作る。2色あんパンには抹茶あんと粒あんを、栗あんパンには栗あんをくぼみにそれぞれ絞り入れる。栗あんパンには、あんの上に栗の渋皮煮をのせる。

6　上火250℃、下火230℃にオーブンを温めておき、生地を入れたら火を消して11分焼成する。スチームは生地を入れる直前と直後に入れる。

7　焼き上がったらあんの上にナパージュをたらす。

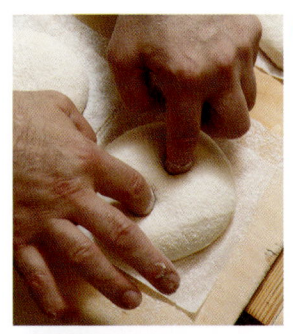

A 焼成前にあんを入れるくぼみを作る。生地に穴が開くぐらい深くくぼませる。

B 絞り袋をくぼみの奥まで差し込んであんを絞る。表面にあんをのせるのではなく、生地の中まであんが十分に入るよう意識して絞る。

C あんは生地の高さまでしっかり絞る。

D 栗あんの上に栗の渋皮煮を1片ずつのせる。

D 焼き上がったらあんの上にナパージュをたらし、つややかに仕上げる。

「その日最後のお客様にも選ぶ楽しみを味わってもらう」

はじめて修業をした広島「アンデルセン」の教えです。

当時のアンデルセンでは、閉店時にパンを売り切るのではなく、あえて2割のパンを残し、すべてのお客様に選ぶ楽しみを提供するように指導されたものです。

現在は、サステナブルな観点から、廃棄をいかに削減するかが求められるようになりました。私ももちろんその考えに賛同していますが、その一方で「お客様の選ぶ楽しみ」もできるかぎり提供したいと思っています。

そこで、「廃棄を減らす」ことと「選ぶ楽しみ」を両立させるために重要になるのが、残ったパンを上手に再活用する工夫です。パンペルデュをはじめとする再生パンたちは、店の経営にも、地球環境にもやさしい、持続可能なアイテム。ぜひ、アイデアを駆使して、パンに新たな命を吹き込んでみてください。

パンペルデュ・ロム

ハード系のパンを使ったパンペルデュは、手に持って食べやすく、テイクアウトに向いています。そのまま食べて満足感を十分に感じていただけるよう、焼き上がったらラム酒シロップをしっかり染み込ませるのがサ・マーシュ流です。

アパレイユにはトレハロースを加え、トレハロースのマスキング効果で卵臭さを抑えながら、保水性を高めてよりしっとりと焼き上げます。数日経って乾燥していたパンのほうが、アパレイユがよく染み込むのでおすすめです。

■材料

ハード系パン(ここでは68ページ「オレイエ」を使用)
アパレイユ
　全卵　15個
　グラニュー糖　200g
　牛乳[タカナシ乳業]　1000g
　トレハロース[ナガセヴィータ]　50g
グラニュー糖　適量
ラム酒シロップ　適量

＊ ラム酒シロップは、水1000g、グラニュー糖1000g、ラム酒(ネグリタ ラム[ドーバー洋酒貿易])250gを混ぜ合わせて沸かし、さましたもの。

■作り方

1　ハード系パンを約4cm厚さに切り分ける。

2　アパレイユにパンを浸し、中まで十分に染み込んだのを確認したら取り出し、ほどよく絞る。

3　片側にグラニュー糖をまぶす。

4　鉄板の上に並べ、表面にラップをかけて冷蔵庫で1日寝かせ、アパレイユをなじませる。

5　上火250℃、下火230℃のオーブンで13分焼く。

6　焼き上がったらすぐにラム酒シロップを塗る。

A アパレイユに浸したらしばらく置いて中まで十分に染み込ませる。

B 全体にアパレイユが行き渡りつつ、重くなりすぎない程度にほどよく絞る。絞り具合が仕上がりを左右する。

C 片面にグラニュー糖を張りつける。

D 1日寝かせることで表面の砂糖がほどよく溶けてパンに染み込み、しっとり感が増す。美しい焼き色もつきやすい。

E ラム酒シロップを表面に塗り、風味をアップさせながら表面が乾くのも防ぐ。

ごつごつ

ソフトかりんとうをイメージした、カリカリ食感の角切りパンペルデュ。理想の食感に焼き上げるには、ハード系のなかでも、パン・ド・カンパーニュが最適です。このパンペルデュをクロワッサン生地で巻いて焼くなど、さらなるアレンジも可能で、使い勝手のよい面白いアイテムです。

パンが小さいので、作るさいはシロップをかけすぎてべたつかないように注意してください。

■材料

パン・ド・カンパーニュ（22ページ）

アパレイユ
　（118ページ「パンペルデュ・ロム」参照）
　適量

ラム酒シロップ　適量

プードル・デコール［日仏商事］　適量

■作り方

1　パン・ド・カンパーニュを幅4cm、長さ8cmほどの三角錐に切る。

2　アパレイユにパンを浸し、中まで十分に染み込んだのを確認したら取り出し、ほどよく絞る。

3　全体にグラニュー糖をたっぷりまぶす。

4　皮面を下にして鉄板の上に並べ、表面にラップをかけて冷蔵庫で1日寝かせ、アパレイユをなじませる。

5　上火250℃、下火230℃のオーブンで12分焼く。

6　焼き上がったら軽くシロップを塗って紙コップに入れ、プードル・デコールをたっぷりふりかける。

A パンをアパレイユに浸す。形はやや不揃いなほうが表情が出ておもしろい。

C 焼き上がったらプードル・デコールをふりかけ、べたつきを抑える。

B 皮面を下にして鉄板の上に並べる。皮を下にすることで、皮の硬い部分にもアパレイユがしっかり浸透する。

フードロス削減の販売アイデア

サ・マーシュでは、お客様がパンを自由に取ってレジへと進むスタイルではなく、マンツーマンの接客で、一人一人の好みに本当に合うパンをカウンセリングして購入していただくスタイルを取っています。パンの見た目や固定概念に縛られずにパンを選んでいただくことと、お客様の生の声をパンづくりにフィードバックさせることで、フードロスをできるかぎり減らすための、販売の工夫です。

キッシュ・パンペルデュ

パート・ブリゼの中にアパレイユを流すキッシュは、ブリゼ生地を別に用意しなければいけないため、提供するにはハードルが高いアイテム。しかし、生クリーム入りのアパレイユをハード系のパンに染み込ませれば、キッシュの食感に近いパンペルデュが出来上がり、通常の仕事の中でも手軽に取り組めます。

今回は、パンの上にはベーコンとチーズをふりかけ、仕上げにごま油を香らせました。ベーコンの脂がパンに染み込み、具材との一体感が味わえます。

■材料

ハード系パン
　（ここでは76ページ「食物繊維のフィセル」を使用）

アパレイユ
　全卵　10個
　塩　10g
　トレハロース［ナガセヴィータ］　50g
　牛乳［タカナシ乳業］　500g
　35純生クリーム［タカナシ乳業］　500g

くんちゃまベーコン［沖縄ハム］　適量

細切りシュレッドチーズ
　（1mm ゴーダミックスチーズ［中沢チーズ］）　適量

チーズパウダー
　（NZ　パルメザンパウダー［中沢チーズ］）　適量

太香胡麻油［竹本油脂］　適量

ドライエストラゴン　適量

＊ くんちゃまベーコンは豚首肉を使った沖縄名物のベーコン。

■作り方

1　ハード系パンを約3cm厚さに切り分ける。

2　アパレイユにパンを浸し、中まで十分に染み込んだのを確認したら取り出し、ほどよく絞る。

3　角切りにしたくんちゃまベーコンをのせ、シュレッドチーズをふりかける。

4　鉄板の上に並べ、表面にラップをかけて冷蔵庫で1日寝かせ、アパレイユをなじませる。

5　上火250℃、下火230℃のオーブンで14分焼く。

6　焼き上がったら表面に太香胡麻油を塗り、ドライエストラゴンをふりかける。

A キッシュはパンペルデュよりもアパレイユに含まれる全卵の比率が低く、火通りが悪くて沈みやすい。そのため、パンは薄めに切って火通りをよくする。

B パンの上に具材をのせる。チーズをふりかけることで、ベーコンがパンから滑り落ちるのを防げる。

C 焼き上がったら太香胡麻油とエストラゴンで香りよく仕上げる。太香胡麻油はすっきりと爽やかな風味で、キッシュのような洋風パンにもよく合う。

グリーンマスタードとイベリコベーコンのファルシ

角切りにしたパンにグリーンマスタードを染み込ませ、イベリコベーコンと一緒に生地で包みました。中のパンがベーコンの脂を吸い、外側はカリッと香ばしく、内側はジューシーに焼き上がります。

パンがスポンジの役割を果たすので、ソースを包みたいときや、具材の脂を生地に移したくないときに便利な手法です。

■材料

焙煎小麦のプリミティブ生地（46ページ）　適量

グリーンマスタード［ヤスマ］　適量

焙煎小麦のプリミティブ（焼いたもの）
パン1個につき30g

イベリコベーコン（角切り）［沖縄ハム］　パン1個につき30g

■下準備

売れ残った焙煎小麦のプリミティブを30gずつの角切りにし、グリーンマスタードをからめてマリネしておく。割合は、パン450gに対し、グリーンマスタード230g。

成 形

A 生地の上に角切りにしたイベリコベーコンとグリーンマスタードでマリネした焙煎小麦のプリミティブを順にのせる。

C 端をつまんで閉じ、軽く形を整える。

D とじ目を下にして粉をふったキャンバス地にのせる。上から軽く押さえる。

B 両手で生地を持ってやさしく包み込む。

焼 成

E 全体にまんべんなく粉をふり、ハサミで十字に切り込みを入れる。

■作り方

1 47ページの作り方（1〜7）を参照して焙煎小麦のプリミティブ生地を作り、150gの正方形に分割して軽く丸め、叩いてガスを抜く。

2 ベンチタイムを30分とる。

3 イベリコベーコン、グリーンマスタードでマリネした焙煎小麦のプリミティブを包む。

4 二次発酵を30分行う。

5 ハサミで表面に切り込みを入れる。

6 上火250℃、下火230℃のオーブンに入れ、19〜20分焼成する。スチームは生地を入れる直前と直後に入れる。

ハートのプティパンで被災地に持続的な支援を ハートブレッドプロジェクト

　被災地への募金活動を目的として、パン職人 5 人で立ち上げたのが、「NPO 法人ハートブレッドプロジェクト」です。

　このプロジェクトでは、営業中に出るパンの端生地をハート形の小さなプティパンとして各店舗で販売し、その売上げを被災地へ全額寄付しています。

　阪神淡路大震災では、ふるさとの神戸の街は壊滅的な被害を受けました。そのときに全国からいただいた多くの支援は、復興への大きな支えとなりました。しかし、残念ながら震災の傷跡は簡単には癒えることはなく、各所からの支援が徐々に打ち切られていく中、震災から 10 年経っても、街には助けを必要とする人々の姿があふれていました。

　その時の苦い経験から、東日本大震災では、震災直後のボランティア活動だけではなく、継続的に生涯続けられる支援はないかと、方法を模索しました。そして行き着いたのがこのプロジェクトです。

　時間も費用も膨大にかかるボランティアは負担が大きく、個人が継続的に行うのはなかなか難しいものです。しかし、パンの端生地を使ったハートパンの販売であれば、通常の営業の中で無理なく続けることができます。

　活動に賛同してくれたたくさんのパン職人たちのおかげで、これまでに 1,600 万円以上を寄付することができました。ひとりひとりの小さな心がけも、長く続けていけば大きな力になるのだと信じています。

　全国のパン職人にハートパンの輪が広がり、この先 50 年、100 年と、必要な人々に末長く気持ちが届けられますように。どうか、みなさんの力を貸してください！

NPO 法人ハートブレッドプロジェクト
https://heartbread.net

パン・ブリエを使ったハートのプティパン

コメパーネを使ったハートのプティパン

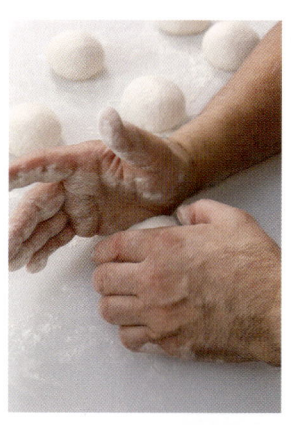

A 残った端生地を丸め、片方の先を尖らせる。

C コメパーネを使ったプティパンは、焼成前に太白胡麻油を塗ってつやを出す。

B 反対側に切り込みを入れてハート形にする。

D 具材を中に包んで焼く場合も。ここでは、ゴーダチーズのブリエ(138ページ)の端生地と具材を使用している。

Pain au lait "bebe"

パン・オ・レ "べべ"

• • •

　パン・オ・レとの出会いは、はじめての修業先だった広島「アンデルセン」で年に1度開催されていた美食会。M.O.Fを獲得したフランス料理界の巨匠、ジャン・ギノーシェフが、美食会で鹿肉に合うパンとして提案されたのが、クルミ入りの「パン・オ・レ・ノワ」でした。ギノーシェフにはその後もお世話になり、シェフの紹介で「フォション」でピエール・エルメさんにお会いし、厨房を見せていただいたのは良い思い出です。

　そのときに学んだ配合をベースに、よりミルク感を際立たせたのが、サ・マーシュのパン・オ・レです。当時は牛乳100%で作っていましたが、生クリームと牛乳を同割にし、さらにどちらもジャージー牛のものを使用することで、よりミルクのコクを強調しました。さらに、塩を少量加えて味を引き締めてあります。ふわふわと柔らかく、まるで赤ちゃんのほっぺたのようなきめ細かさから「べべ」（フランス語で赤ちゃんの意）と名づけました。

　水分が多く、非常に柔らかい生地なので、ミキシングにも成形にも繊細さが求められます。「赤ちゃんを扱うように、やさしくていねいに」がこのパンを上手に焼き上げるキーワードです。

■ 基本の配合

強力粉（北海道ゆめちから［アグリシステム］）
　　2000g

ジャージー牛乳
　　（蒜山ジャージー4.2［蒜山酪農農業協同組合］）
　　1000g

40%ジャージー生クリーム［タカナシ乳業］　1000g

水　100g

塩（淡路島の藻塩）　20g

グラニュー糖　300g

セミドライイースト
　　（サフ セミドライイーストゴールド）　10g

食塩不使用バター［タカナシ乳業］　200g

■ 温度・時間　　捏上温度 24℃

| 一次発酵　室　温 30分 |
| 冷蔵庫 12時間 |

↓

| 分割・成形 |

↓

| 二次発酵　40分 |

↓

| 焼　成 |

基本の作り方

5 パンチを行う。

カードを使って四方から生地を折りたたみ、軽く伸ばす。水分が多く、コシをつけすぎると焼いたときにしぼんでしまうので、強く押さえてコシをつけすぎないように。パンチは一度だけ行い、歯切れのよさを極限まで高める。

1 ミキサーに牛乳、生クリーム、粉、塩、グラニュー糖、セミドライイーストを入れ、低速で3分、高速で8分ミキシングする。

水は加えずに残しておき、バターを加えてから最後に加える。水分が非常に多く、最初から全量を加えるとまとまるのに時間がかかる。効率よく混ぜ込むことで、捏ね上げ温度が上がりすぎない。

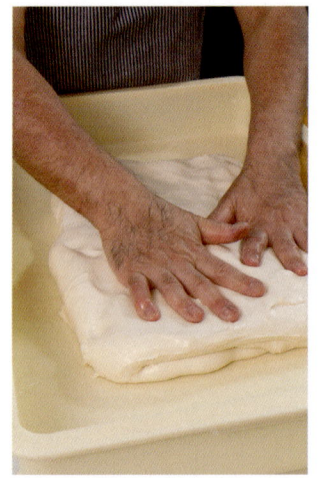

6 5℃の冷蔵庫で12時間寝かせる。

分割しやすいように押して厚みを均一にしてから冷蔵庫に入れる。

7 28～30℃の場所で120分復温させる。

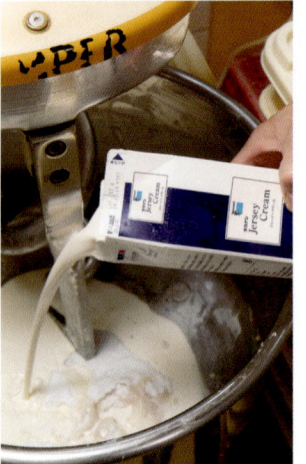

2 バターを加えて低速で1分、高速で3分ミキシングする。途中で残りの水を加える。

バターは握りつぶせるぐらいの固さで加えると効率よく混ぜ込め、ミキシングを短縮できる。生地が8割ほどつながった時点で水を加えて混ぜ合わせる。油脂の上から水分を加えることで、しっとり感も増す。

8 生地の表面に粉をふり、番重から裏返して取り出す。100gの正方形に分割する。生地を外側から中心へと寄せるようにやさしく丸める。

できるかぎりコシをつけないように細心の注意を払いながら丸める。

3 捏ね温度は24℃、夏場は23℃。

表面に光沢がしっかり出ていれば捏ね上がり。

4 ホイロで30分発酵させる。ホイロの設定は28℃、湿度75%。

9 端をつまんで閉じ、裏返して手にのせ、叩いてガスを抜く。

10 やさしく丸めなおし、閉じ目を下にしてオーブンペーパーにのせる。

13 全体にまんべんなく粉をふる。

11 再度押してガスを抜き、霧吹きで全体を湿らせる。

ベンチタイムをとらないので、ここでしっかりガスを抜いておく。

12 二次発酵を40分行う。

14 太白胡麻油をつけた箸で穴を7か所開ける。

油をつけることで穴がふさがらなくなり、確実にガスが抜ける。

15 上火220℃、下火210℃のオーブンで10〜11分焼成する。スチームは生地を入れる直前と直後に入れる。

焼き上がったら鉄板に移しかえ、鉄板ごと台に打ちつける。こうすることで熱い空気が抜け、コシ折れしない。

シナモンロール

ミルクたっぷりのべべ生地を使った、ソフトでやさしい食感が魅力のシナモンロールです。シナモンパウダーはそのまま使うのではなく、安納いものあんに混ぜ込んで、扱いやすいペースト状の「シナモンあん」にしてから生地の上に伸ばします。さらに、蒸して角切りにしたさつまいもとレーズンをあんの上からちらし、食感にも変化をつけました。シナモンとさつまいもの相性のよさも楽しめる一品です。

■ 材料（パン8個分）

パン・オ・レ生地　500g

安納いもあん(安納芋あん[松原製餡所])　300g

シナモンパウダー　15g

さつまいも(蒸して角切りにしたもの)　150g

グリーンレーズン[戸倉商事]　150g

きび糖(本和香糖[和田製糖])　適量

■ 下準備

安納いもあんにシナモンパウダーを混ぜ合わせておく。

■ 作り方

1　パン・オ・レの基本の作り方(1〜3)と同様に生地を作る。

2　復温させた生地を500gの長方形に分割し、俵形に丸める。

3　麺棒で横25cm×縦30cm、厚み1.5cmに伸ばす。

4　上面にシナモン入り安納いもあんを伸ばし、さつまいもとグリーンレーズンをちらす。

5　端から巻き、軽く転がして筒状に形を整える。

6　8等分し、断面を上にしてオープンペーパーにのせる。

7　二次発酵を40分行う。

8　上面全体にきび糖をふる。

9　上火220℃、下火210℃のオーブンで10〜11分焼成する。スチームは生地を入れる直前と直後に入れる。

成　形

A 長方形に分割した生地を四方からやさしく折りたたむ。軽く転がして俵形に整え、とじ目を下にして押さえて厚みを均一にする。

B 粉をふり、麺棒で厚み1.5cmの長方形に伸ばす。

C 上下の端を4cmほど残し、シナモン入り安納いもあんを全体に広げる。あんが同じ厚みになるように意識すること。

D さつまいもとグリーンレーズンをあんの上にまんべんなくちらして押さえ、接着しやすいように霧吹きで全体を湿らせる。

E できるだけ空気が入らないようにくるくると巻く。

F 端を霧吹きで湿らせ、指でつまんで閉じる。軽く転がして形を整える。

G とじ目を下にし、包丁で8等分する。

H 断面を上にしてオーブンペーパーにのせ、転がらないように軽く押さえて安定させる。霧吹きで全体を湿らせ、二次発酵へ。

焼　成

I 上面にきび糖をスプーン1杯分ふりかけ、手で押さえて断面全体を覆う。

Pain Brié

ブリエ・ブラン

パン・ブリエ

• • •

　砂糖と油脂分を加えたセミハードタイプのパン・ブリエは、ブルターニュやノルマンディー地方の伝統的なパンです。漁師たちが航海に出るときに、何日経っても固くならずにおいしく食べられるように考案されたといわれています。

　日本では「ソフトフランス」の名で知られ、ミルキーフランスで人気を博した「アンデルセン」が全国に普及させました。私のパン・ブリエもアンデルセンの配合をベースに、使用する小麦粉に合わせて配合比率を見直したものです。

　使用する小麦粉は、滋賀県産小麦を使った「萬燈 (ばんとう)」。タンパク量がやや低く、ミキシングのストライクゾーンが狭い難しい粉ですが、この粉でしか表現できない皮のザクザクとした独特の食感はお客様からも大人気で、サ・マーシュのパン・ブリエには欠かせない存在となっています。

　粉のタンパク量に合わせて水分を控えめにしてあるので、やや固めの生地に仕上がります。そのぶん、パンチは1回にとどめ、コシをつけずに歯切れよさを強調しています。

　高齢化が進む現在、レストランでも従来のバゲットより柔らかくて食べやすいパン・ブリエの需要が高まっており、時流にぴったりの生地だといえます。

■ 基本の配合

準強力粉 (萬燈 [旭製粉])　1000g

水　680g

塩 (淡路島の藻塩)　15g

グラニュー糖　30g

セミドライイースト
　(サフ セミドライイーストゴールド)　4g

脱脂粉乳 [タカナシ乳業]　30g

発酵パン生地　200g

食塩不使用バター [タカナシ乳業]　30g

＊ 発酵パン生地は、パン・トラディショナル生地 (64ページ) を二次発酵させたもの。

■ 温度・時間　捏上温度 24℃

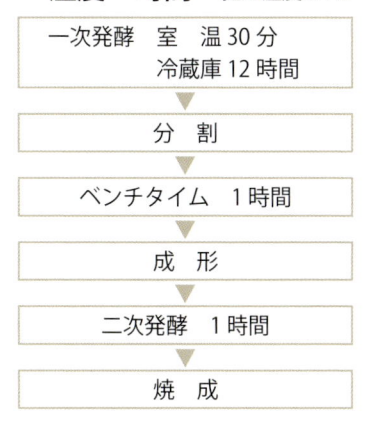

| 一次発酵 | 室　温 30 分 |
| | 冷蔵庫 12 時間 |

↓

| 分　割 |

↓

| ベンチタイム　1 時間 |

↓

| 成　形 |

↓

| 二次発酵　1 時間 |

↓

| 焼　成 |

基本の作り方

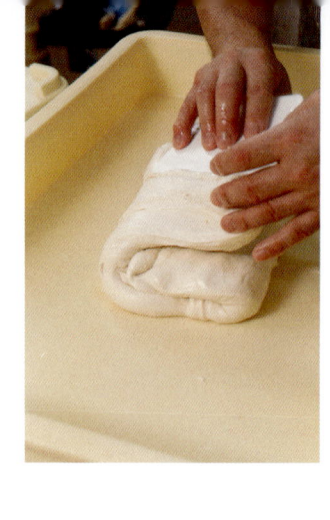

5 パンチを行う。

> カードを使って四方から生地を折りたたみ、軽く伸ばす。水分少なめでしっかりした生地なので、歯切れよく仕上げるべくパンチは1回にとどめる。コシをつけすぎないことが皮のざっくり感にもつながる。

1 ミキサーにバター以外の材料を入れ、低速で3分、高速で6分ミキシングする。

6 5℃の冷蔵庫で12時間寝かせる。

> 分割しやすいよう、押し広げてから冷蔵庫に入れる。

7 生地の表面に粉をふり、番重から裏返して取り出す。400gの長方形に分割する。

> 復温せず、冷蔵庫から出したらすぐに分割する。分割時に成形をイメージしてサイズを決めておくことで、成形時の生地への負担を軽減できる。重量合わせに生地を足すときも均一な厚みになるように意識すること。

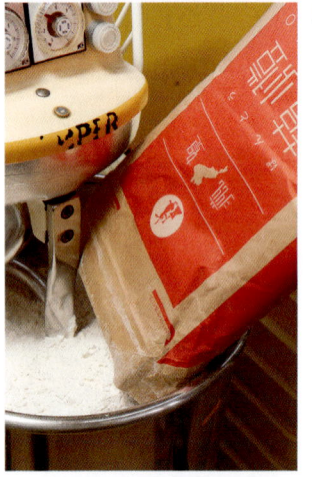

2 8割程度までつながったらバターを加え、低速で3分、高速で4分ミキシングする。

> バターは握りつぶせるぐらいの固さで加えると、もっとも効率よく混ぜ込めてミキシングを短縮できる。

8 手粉や空気が生地の中に入らないよう注意し、生地を半分に折りたたむ。

3 捏ね上げ温度は24℃、夏場は23℃。

> 表面に光沢がしっかり出ていれば捏ね上がり。

4 ホイロで30分発酵させる。ホイロの設定は28℃、湿度75%。

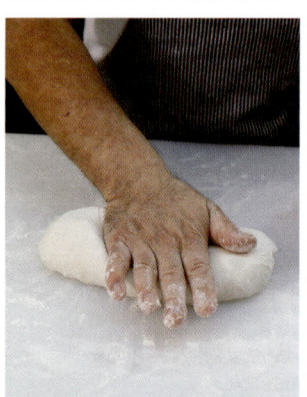

9 継ぎ目をつまんでとじ、筒状にやさしく形を整える。とじ目を下にして台に押しつけ、ガスを抜く。番重にのせ、60分のベンチタイムをとる。

> 復温をかねてベンチタイムを長めにとる。

10 とじ目を上にして生地を取り出し、手粉や空気が生地の中に入らないように注意しながら、半分に折りたたんでとじ目をつまむ。

> 裏側のべたべたした面が内側になるように折りたたむ。

14 とじ目を下にして布取りする。気泡があれば、ピケで気泡をつぶしておく。

15 二次発酵を60分行う。

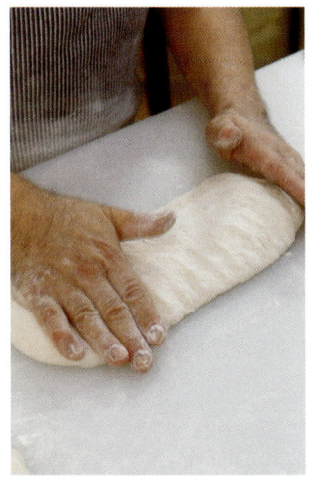

11 軽く転がして形を整え、とじ目を下にして叩いてガスを抜く。

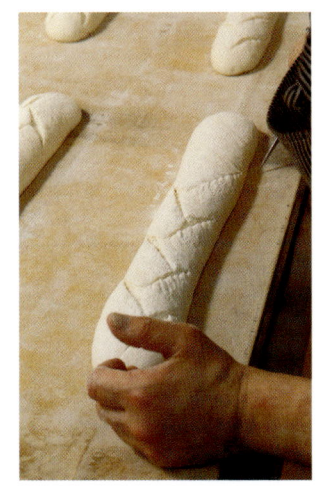

16 表面にまんべんなく粉をふり、とじ目を下にしてスリップピールに移す。クープナイフで左右から互い違いにクープを入れる。

17 上火250℃、下火230℃のオーブンで15〜17分焼成する。スチームは生地を入れる直前と直後に入れる。

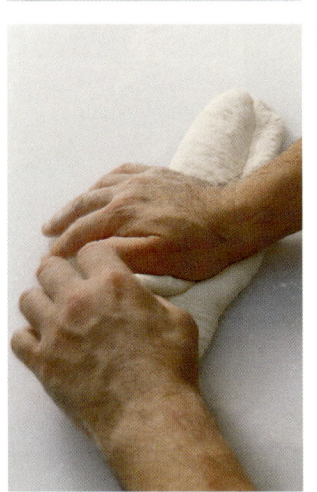

12 裏返して生地を押さえてガスを抜きながら折り込む。

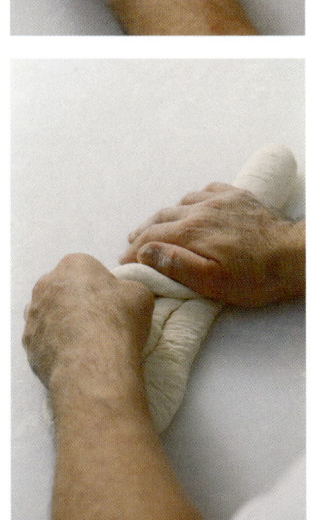

13 もう一度やさしく折り込み、とじ目をつまむ。軽く巻き込むように転がし、棒状に整える。

> 最後はやさしくふんわり閉じるのがポイント。とじ目がつぶれて目が詰まるのを防ぐ。

ゴーダチーズのブリエ

パン・ブリエ生地は大きく焼いても固くなりづらく、食事パンに使いやすいのが魅力です。ここでは、生地の中にゴーダ・チーズをたっぷり包んだアレンジで、食事と相性がよく、そのまま食べても満足感の高い贅沢なブリエに仕立てました。

ポイントは、冷蔵庫に入れても液状を保てるバター風味のオイル「すぐに使える　かける本バター」を焼成前と焼成後に生地表面に塗ること。2回に分けて塗ることでバターの風味が豊かに香り、リッチさが格段にアップします。

■材料

パン・ブリエ生地　550g
ゴーダチーズ
　（NZ　ゴーダダイス10ミリ［中沢チーズ］）　170g
すぐに使える かける本バター［ミヨシ油脂］　適量
チーズパウダー
　（NZ　パルメザンパウダー［中沢チーズ］）　適量

作り方

1　パン・ブリエの基本の作り方（1〜3）と同様に生地を作り、一次発酵させる。

2　冷蔵庫から出した生地を550gに分割し、長方形に整える。

3　ベンチタイムを60分とる。

4　軽くガスを抜き、霧吹きで表面を濡らし、ゴーダチーズを全体にのせて巻く。

5　端をつまんでとじ、とじ目を下にしてオーブンペーパーに並べる。

6　二次発酵を60分行う。

7　表面にかける本バターを塗り、チーズパウダーをかける。ハサミで左右から切り込みを5か所入れる。

8　上火250℃、下火230℃に温めたオーブンに入れ、上火を消して23分焼成する。スチームは生地を入れる直前と直後に入れる。

9　焼き上がったらかける本バターを塗る。

分割

A　長方形に分割した生地を半分に折りたたみ、端をつまんでとじる。俵形に丸めたら押さえてガスを抜き、平らな長方形に整える。

成形

B　生地を裏返して取り出し、押さえてガスを抜く。霧吹きで表面を濡らし、ゴーダチーズを生地全体に広げる。

C 再度霧吹きで表面を濡らし、空気を巻き込まないように注意しながら生地を端から巻く。

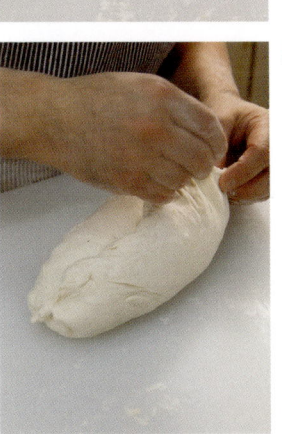

D 端をつまんでとじ、とじ目を下にしてオーブンペーパーにのせる。

E 表面にオイル風味バターを塗り、チーズパウダーをたっぷりふる。

F ハサミで左右に5か所ずつ切り込みを入れる。

パン・アーティチョーク

イタリア語でアーティチョークを意味する伝統的なパン「カルチョービ」からヒントを得た、個性的な形のパンです。表面積が広く、皮のカリカリ食感が味わえます。イタリアにちなんでオリーブオイルをたっぷり塗ってあるので、内層はオイルが染み込んでしっとりしており、皮とのコントラストがきいています。

以前は大きなサイズで作っていましたが、ひとりで食べ切れる手頃なサイズに変更したところ、ちぎりながら食べられるのが楽しいと途端に人気が高まりました。同じパンでも、サイズや形のひと工夫で、魅力に大きな差が出ることを再確認した一品です。

■ 材料

パン・ブリエ生地
オリーブオイル　適量
チーズパウダー（NZ　パルメザンパウダー［中沢チーズ］）　適量

■ 作り方

1　パン・ブリエの基本の作り方(1〜3)と同様に生地を作り、一次発酵させる。

2　冷蔵庫から出した生地を150gの長方形に分割する。生地を半分に折りたたみ、端をつまんでとじる。軽く丸めてガスを抜き、長めの俵形に整える。

3　ベンチタイムを60分とる。

4　生地を細く伸ばし、片側に切り込みを入れて巻き、アーティチョークの形になるように成形する。

5　二次発酵を40分行う。

6　表面にオリーブオイルを塗り、パルメザンチーズをふる。

7　上火250℃、下火230℃のオーブンで14〜15分焼成する。スチームは生地を入れる直前と直後に入れる。

8　焼き上がったら表面にオリーブオイルを塗る。

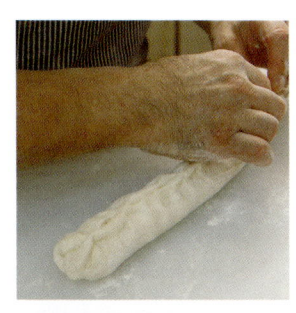	**成　形**
	A 番重から取り出した生地を半分に折りたたみ、端をつまんでとじる。

E スケッパーで2㎝間隔に切り込みを入れる。切り込みの長さと間隔によって仕上がりが大きく変わるので、なるべく長さと間隔を揃える。

B 転がして40㎝長さに伸ばし、押さえてガスを抜く。

F 霧吹きで軽く濡らし、端から巻く。切り込みをいれていないほうがややはみ出るように意識しながら巻くのがポイント。

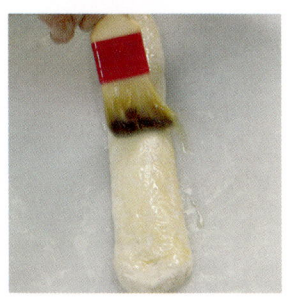

C 生地の表面にオリーブオイルを塗る。

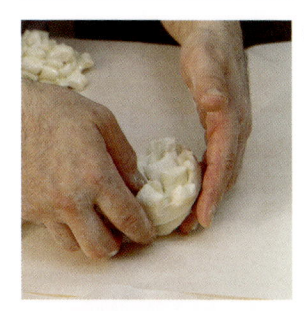

G 切り込み側を上に向けてオーブンペーパーにのせ、端を外側に開いて形を整える。

D 半分に折りたたむ。折りたたんだときの幅が約4㎝になるのが理想。生地の端は押さえず、接着しない。

焼　成

H 表面にオリーブオイルを塗り、パルメザンチーズをふって焼成する。

九条ねぎとチーズのパン・ブリエ　ごま風味

九条ねぎとごま油を混ぜ込み、フォカッチャ風に焼き上げました。ごま油の香ばしさが食欲をそそります。

味自体はふたつの素材だけで十分完成されていますが、ねぎの水分とごま油の油分が多すぎて生地がまとまりづらいのが難点。そこで、両方と相性のよいチーズを加えることで、油を吸わせて扱いやすくしています。チーズのおかげで味も洋風にまとまり、ワインや食事にもよく合います。

■ 材料

パン・ブリエ生地　1kg

細切りシュレッドチーズ
　　（1mm ゴーダミックスチーズ
　　［中沢チーズ］）　150g

九条ねぎ（刻んだもの）　65g

太香胡麻油［竹本油脂］　50g

塩（フルール・ド・サレ）　適量

■ 下準備

シュレッドチーズ、九条ねぎ、太香胡麻油はあらかじめ混ぜ合わせておく。

■ 作り方

1　パン・ブリエの基本の作り方(1〜3)と同様に生地を作り、具材を混ぜ込む。

2　パン・ブリエの基本の作り方(4〜6)と同様に一次発酵とパンチを行う。

3　28℃の場所で60分復温させ、400gの正方形に分割し、ベンチタイムをとらずに平らな長方形に成形する。

4　二次発酵を60分行う。

5　全体にごま油を塗り、フルール・ド・サレをふりかける。

6　上火250℃、下火230℃に温めたオーブンに入れ、上火を消した状態で8分、上火を250℃に設定してさらに5分焼成する。スチームは生地を入れる直前と直後に入れる。

7　焼き上がったら表面に太香胡麻油を塗る。

混ぜ込み

A　レザンレザン(32ページ)と同様にカードで生地を切って重ね、具材を混ぜ込む。

C　油の量が多く、混ぜ込んですぐは生地と油が分離しているが、一次発酵の間にしっかりつながる。

B　成形時に高さを出したくないので、混ぜ終えたらカードで横に4等分し、断面を上にして並べる。手でしっかり押さえて生地を平らに伸ばしておく。

分割・成形

D　分割した生地を四方から折りたたみ、端をつまんでとじる。ベンチタイムはとらず、分割と成形は連続して行う。

E 両側から生地を重ねたら、とじ目を下にして軽く丸める。

F 上から押しつけてガスを抜き、オーブンペーパーにのせる。ピケで気泡をつぶし、霧吹きで全体を湿らせて二次発酵させる。

G 表面に太香胡麻油を塗り、ピケする。下までしっかり穴を開けること。油をつけることで穴がふさがらなくなり、確実にガスが抜ける。上からフルール・ド・サレをふりかける。

H 焼き上がったらすぐに太香胡麻油を表面に塗る。焼きたてでないと生地が油を吸い込まない。

甘夏とはちみつのバンズ

はちみつは、パン生地と組み合わせるには難易度が高い素材です。酵素を含むため、練り込むと生地を分解してしまってパンの状態が悪くなり、かといって包むと漏れ出てしまい、なかなか上手くいきません。そこで考えたのが、パールシュガーにはちみつを染み込ませて風味を移す手法。これなら固形なので難なく包むことができ、はちみつならではの香りを存分に感じられます。

ここでは、生地の中に瀬戸内海・因島で栽培された甘夏の自家製ペーストを練り込みました。皮に含まれるペクチンの効果で、通常のパン・ブリエとはまた違うしっとりとした食感が味わえます。

■材料

パン・ブリエ生地　1kg
自家製甘夏ペースト　250g
はちみつパールシュガー　1個につき10g

＊自家製甘夏ペーストは、甘夏を7回ゆでこぼし、種を取ってロボクープでピューレ状にしたもの。

＊はちみつパールシュガーは、パールシュガー100gにはちみつ50gを混ぜ合わせたもの。

■作り方

1 パン・ブリエの基本の作り方(1〜3)と同様に生地を作り、甘夏ペーストを加えてミキサーの低速で混ぜ合わせる。

2 パン・ブリエの基本の作り方(4〜6)と同様に一次発酵とパンチを行う。

3 冷蔵庫から出した生地を100gに分割し、丸める。

4 ベンチタイムを60分とり、パールシュガーを包む。

5 二次発酵を60分行う。

6 表面にまんべんなく粉をふり、十字に小さく切り込みを入れる。

7 上火250℃、下火230℃のオーブンで9分焼成する。スチームは生地を入れる直前と直後に入れる。

8 焼き上がったらすぐにオーブンペーパーをはずし、鉄板に移す。

混ぜ込み

A 甘夏ペーストをミキサーで混ぜ込む。甘夏の皮に含まれるペクチンの効果で、生地がしっとり仕上がる。

D 生地を裏返して取り出し、中心にくぼみを作ってパールシュガーをのせる。

分 割

B 分割したら粉を巻き込まないように丸めて表面を整え、しっかり叩いて余分なガスを抜く。やさしく丸め直し、番重にのせて軽く押さえる。

E 生地を両手で持ち、生地を外側から中心へ寄せるようにやさしく丸める。とじ目を下にしてオーブンペーパーにのせる。霧吹きで全体を濡らし、二次発酵させる。

成 形

C パールシュガーにはちみつを加えて混ぜ合わせる。砂糖にはちみつを吸わせることで、生地から漏れ出すことなくはちみつを包むことができる。

焼 成

F 焼き上がったらすぐに紙をはずし、はちみつが紙にくっつくのを防ぐ。焼成前に粉をふるかわりに、太白胡麻油を塗るのもおすすめ。

大麦もち麦のブリエ

大麦もち麦ならではのやさしい甘味と、目が詰まったもっちりと重めの食感を味わうブリエです。大麦にはグルテンがなく、そのままではつながりが悪くてただ重いだけのパンになりがちです。そこで、大麦もち麦の全粒粉を湯種にして生地に加えることで、もちもちとした日本人好みの食感に変化させています。

大麦もち麦の全粒粉は、通常の全粒粉よりもさらに食物繊維が多く、健康に気をつかうお客様からも好評です。

■材料

パン・ブリエ生地　1kg
大麦もち麦の湯種　500g

■作り方

1 パン・ブリエの基本の作り方（1〜3）と同様に生地を作り、大麦もち麦の湯種を加えてミキサーの低速で混ぜ合わせる。
2 パン・ブリエの基本の作り方（4〜15）と同様に発酵、成形する。ただし、分割時は2度折りたたむ。
3 表面にまんべんなく粉をふり、クープを入れる。
4 上火250℃、下火230℃のオーブンで16〜18分焼成する。スチームは生地を入れる直前と直後に入れる。

大麦もち麦の湯種

■材料

大麦もち麦全粒粉
　（全粒粉もち麦粉［マルヤナギ小倉屋］）　1kg
熱湯　1kg
塩　20g

■作り方

1 すべての材料を混ぜ合わせ、完全にさます。塩は日持ちをよくする目的で加えている。

混ぜ込み

A 大麦もち麦の湯種を加えてスパイラルミキサーで混ぜ合わせる。大麦もち麦にはグルテンがなくつながりが悪いので、しっかりミキシングする。

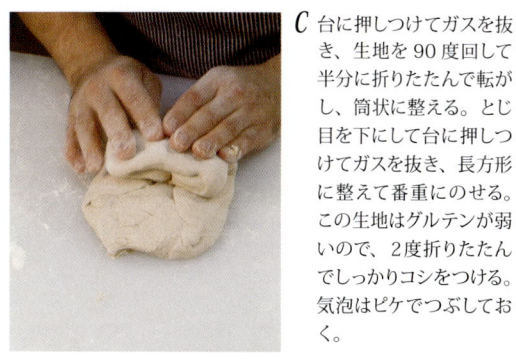

C 台に押しつけてガスを抜き、生地を90度回して半分に折りたたんで転がし、筒状に整える。とじ目を下にして台に押しつけてガスを抜き、長方形に整えて番重にのせる。この生地はグルテンが弱いので、2度折りたたんでしっかりコシをつける。気泡はピケでつぶしておく。

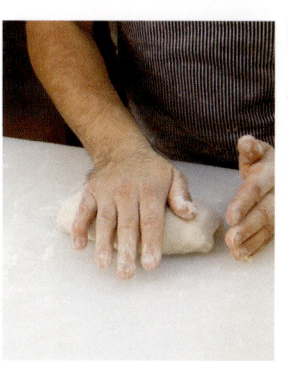

分　割

B 長方形に分割した生地を半分に折りたたみ、継ぎ目をつまんでとじる。軽く転がして筒状に整える。

D 縄文時代の土器をイメージし、半円にクープを入れる。

ソシソン・エ・ロマラン

食べ応えのある大麦もち麦のブリエ生地に太いソーセージをのせました。上面にはドライローズマリーをたっぷりふりかけ、香り高く焼き上げています。

焼いたときに生まれるローズマリーの抜群の香りを一番に味わっていただきたいので、あえてソーセージは主張控えめのやさしい風味のものを使用しました。焼いたときにローズマリーがパンからすべり落ちないよう、パルメザンチーズをふりかけて接着剤がわりにしています。

■材料（パン1個分）

大麦もち麦のブリエ生地　80g

粗挽きポークソーセージ[沖縄ハム]
　　1本

粒マスタード
　（神戸ワインマスタード
　[平郡商店]）　適量

オリーブオイル　適量

塩（フルール・ド・サレ）　適量

粗挽き黒こしょう　適量

チーズパウダー
　（NZ　パルメザンパウダー
　[中沢チーズ]）　適量

ローズマリー[ヤスマ]　適量

■作り方

1　大麦もち麦のブリエ（146ページ）の作り方（1〜2）と同様に生地を作って一次発酵を行う。

2　冷蔵庫から出した生地を80gに分割し、丸めて俵形に整える。

3　番重にのせ、60分のベンチタイムをとる。

4　軽く丸めなおし、ソーセージ、粒マスタード、黒こしょうをのせる。

5　二次発酵を40分行う。

6　全体にオリーブオイルを塗り、ソーセージに塩をふる。全体に粗挽き黒こしょう、ローズマリー、パルメザンチーズをふりかける。

7　上火250℃、下火230℃のオーブンで16分焼成する。スチームは生地を入れる直前と直後に入れる。

成　形

A　生地を半分に折りたたみ、端をつまんでとじる。

D　粒マスタードを3か所に分けて絞る。

B　とじ目部分を指で生地の中に押し込む。

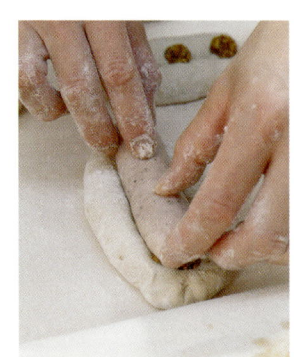

E　ソーセージをくぼみの上にのせる。

C　ソーセージをのせるくぼみができた

焼　成

F　全体にオリーブオイルを塗り、ソーセージの上に塩をふりかける。全体に粗挽き黒こしょう、チーズパウダーをふりかけ、ローズマリーをたっぷりかける。

パン・ド・ポワソン

生地の中に豆乳クリームバターを練り込んだカスクルートに最適なパンです。神戸港から出航する早駒運輸の遊覧船「シーバス」の中で提供するサンドイッチ用に開発しました。海の上でいただくのにふさわしく、魚形にしてあります。

この生地の最大の特徴は、冷蔵庫に入れても固くなりづらいこと。豆乳クリームバターは通常のバターに比べて融点が低く、歯切れよさを維持できます。また、生地が劣化しづらく、焼成冷凍したパンをリベイクしても焼きたてのおいしさが戻ってくるので、イベント時にも重宝します。

■ 材料

パン・ブリエ生地　1kg
豆乳クリームバター
　（ソイレブール［不二製油］）　100g
サルタナレーズン［戸倉商事］　適量
太白胡麻油［竹本油脂］　適量

■ 作り方

1　パン・ブリエの基本の作り方（1〜3）と同様に生地を作り、豆乳クリームバターを加えて縦型ミキサーの低速で3〜4分、高速で6分ミキシングする。

2　パン・ブリエの基本の作り方（4〜6）と同様に一次発酵とパンチを行う。

3　冷蔵庫から出した生地を100gのひし形に分割し、俵形に丸めて両端をとがらせる。

4　ベンチタイムを60分とり、魚形に成形する。レーズンを入れて目を作り、太白胡麻油を全体に塗り、抜き型でうろこ模様をつける。

5　二次発酵を30分行う。

6　表面に粉をふり、レーズンを指で押し込む。

7　上火250℃、下火230℃のオーブンで9分焼成する。スチームは生地を入れる直前と直後に入れる。

分　割

A　ひし形に分割した生地を半分に折りたたみ、端をつまんでとじる。

C　台に押しつけてガスを抜き、番重に並べる。生地になるべくストレスを与えないよう、分割の時点で成形しやすいように形を整えておく。

B　軽く転がして俵形に整えたら、両端をとがらせる。

成　形

D　押さえてガスを抜いた生地を、半分に折りたたんで端をつまむ。歯切れのよい食感を作りたいので、できるだけ丸めは行わない。

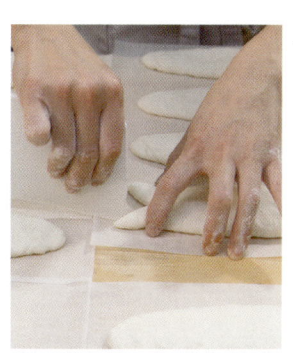

E とじ目を下にしてオーブンペーパーにのせ、押さえてガスを抜く。片側の先端にカードで切り込みを入れ、軽く広げて尾びれを作る。

G レーズンを押し込んで目にする。焼成前に再度レーズンを指で押し込んで下の生地をつぶし、焼いた時に目が飛び出ないように工夫している。

F 上面に太白胡麻油を塗り、丸抜き型を半分押し当ててうろこ模様をつける。

KOBE RESORT CRUISE boh boh KOBE（早駒運輸）
http://www.kobe-seabus.com

クロワッサン・ソイ・ブリエ

バターのかわりにシート状の豆乳クリームバターを使って折り込んだクロワッサンです。あっさり風味で料理に合わせやすく、バターよりも軽やかな食感に仕上がります。ブリエ生地ならではのふんわり感も相まって、通常のクロワッサンとはひと味違う、食事向けのクロワッサンです。

豆乳クリームバターは融点が低くてゆるみやすいので、折り込み時の温度には注意が必要。サ・マーシュでは、冷蔵室で折り込み作業を行っています。

■材料

パン・ブリエ生地　1300g

豆乳クリームバター
　（ソイブールシートR［不二製油］）　500g

■作り方

1　パン・ブリエの基本の作り方（1〜6）と同様に生地を作る。

2　ソイブールシートRは麺棒で叩き伸ばし、折り込みやすいようにやや柔らかくしておく。

3　生地でソイブールシートRを包み、麺棒で叩き伸ばす。7mmに設定したパイシーターで三つ折りを3回行い、60分以上生地を休め、最終的な厚みを6mmにする。

4　120gの二等辺三角形に分割し、巻いて成形する。

5　発酵を120分行う。

6　全体にまんべんなく粉をふる。

7　上火250℃、下火230℃のオーブンで14分焼成する。スチームは生地を入れる直前と直後に入れる。

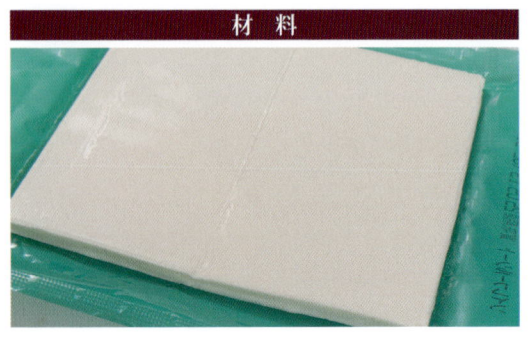

材　料

豆乳クリームバターを折り込み用途に使いやすいシート状に加工した「ソイブールシートR」。バターに比べてあっさりした味わいで、クロワッサンが軽やかな食感になる。

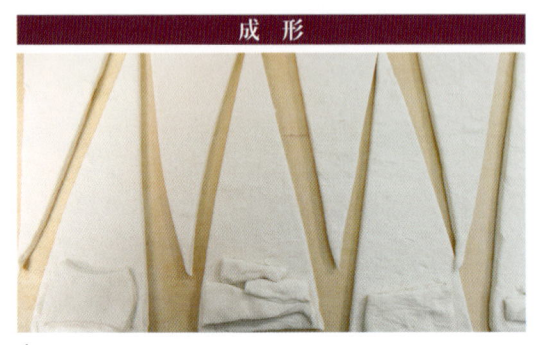

成　形

A 分割した生地。足し生地は二等辺三角形の底辺側にまとめてのせる。ソイブールシートRはバターに比べて融点が低いため、通常のクロワッサンよりも生地をしっかり冷やしながら作業を行う。サマーシュでは、冷蔵室の中で折り込み作業を行なっている。

B 二等辺三角形の底辺側から先端に向かって巻く。端は軽く押しつけて接着する。

C オイルスプレー（クリーンクック［ミヨシ油脂］）をかけた鉄板に、接着面を下にして生地を並べる。焼いている間に動かないよう、鉄板はなるべく平らなものを使用すること。霧吹きで全体を湿らせ、ホイロへ入れる。

ベーグル・モワティエ（ナチュール＆ショコラ）

「モワティエ」とは、フランス語で「半分」の意味。サ・マーシュでは、異なる生地を混ぜ合わせて新たな特性を持った第3の生地を作り、バリエーションを広げています。この手法を「モワティエ」と呼んでいます。

ここでは、パン・ブリエ生地とコメパーネ生地（52ページ）を混ぜ合わせて、ベーグルらしい目の詰まったもっちりとした食感に仕立てました。ベーグル生地を新たに仕込まなくても、既存の生地を組み合わせることで手軽にベーグルのニュアンスを再現できます。

■材料

パン・ブリエ生地　500g

コメパーネ生地（52ページ参照）　500g

チョコレートペースト　150g

チョコチップ（グレン・ノワール・セレクシオンCT
　[ピュラトスジャパン]）
　ショコラ生地1kgに対して200g

＊ ショコラタイプの生地のみ、チョコレートペーストとチョコチップを加える。

■作り方

1　パン・ブリエの基本の作り方（1〜3）、コメパーネの基本の作り方（1〜5）と同様に2種類の生地を作る。

2　パン・ブリエ生地にコメパーネ生地を加え、ミキサーの低速で3分ミキシングする。

3　ショコラタイプには、チョコレートペーストを加えてさらに低速で3分ミキシングする。ミキサーから生地を取り出し、レザンレザン（32ページ）と同様に生地をカードで切って重ねながらチョコチップを混ぜ込む。

4　パン・ブリエの基本の作り方（4〜6）と同様に、一次発酵とパンチを行う。

5　冷蔵庫から取り出した生地を100gの長方形に分割し、軽く丸める。

6　ベンチタイムを30分とり、リング状に成形する。

7　二次発酵を20分行う。ショコラ生地のほうが発酵が遅いので、様子を見ながら時間を調整する。

8　湯水5kgに対し、グラニュー糖250gを溶かしたシロップで湯通しする。

9　上火250℃、下火230℃のオーブンで、ナチュールタイプは14分、ショコラタイプは13分焼成する。スチームは生地を入れる直前と直後に入れる。

チョコレートペースト

■材料

ココアパウダー[チョコヴィック]　100g

インスタントコーヒー　10g

太白胡麻油[竹本油脂]　10g

水　100g

■作り方

すべての材料を混ぜ合わせる。

捏上

A パン・ブリエ生地にコメパーネ生地を加える。コメパーネ生地のほうが状態が変わりづらいので、先に仕込んでおくとよい。

B ショコラタイプには自家製のチョコレートペーストとチョコチップを加える。ペーストは手作りすることで、風味とビター感を高めている。パウダーは生地の水分を吸って生地が固くなってしまうので、油脂入りのペーストのほうが使い勝手がよい。

分割

C 分割した生地を折りたたんで端をつまんでとじ、転がして長めの俵形に丸める。押しつけてガスを抜き、ベンチタイムをとる。できるだけコシをつけないよう、やさしく丸め、歯切れよく焼き上げる。生地の表面に出てきたチョコチップは取り出しておく。

成形

D 生地を取り出したら押さえてガスを抜き、半分に折りたたんで端をつまんでとじる。上から押さえてガスをしっかり抜き、ベーグルらしく目の詰まった生地に整える。

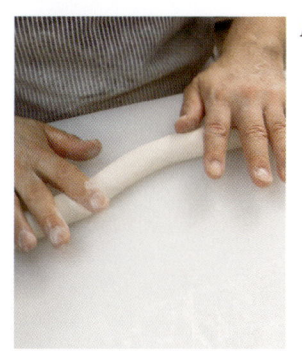

E 再度折りたたみ、とじ目を上にして転がして棒状に伸ばす。

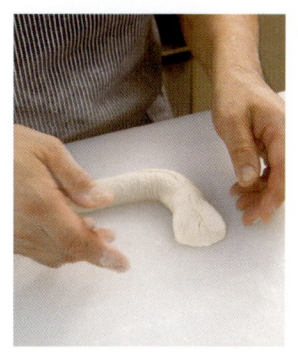

F 片方の端を押しつぶす。

G 反対の端を包み込んで接着し、リング状にする。生地のとじ目がややリングの内側にくるように成形すると、焼いたときに割れづらくなる。

H 二次発酵させた生地をシロップで湯通しする。シロップを使うことで色づきがよくなる。

Pain Complet

クーロンヌ・パン・コンプレ

パン・コンプレ

• • •

日本でもすっかり定番となった全粒粉入りの「パン・コンプレ」。

一般的に、全粒粉が20％程度含まれていればパン・コンプレと呼ばれますが、ここで紹介する生地は、全粒粉100％で作っているのが特徴です。香りも非常によく、食物繊維が豊富なことから、健康志向のお客様に大変喜ばれています。

全粒粉100％でもおいしいパンに仕上がるのは、北海道の小麦品種「ユメチカラ」を使用した全粒粉「きたのまるこ」のおかげ。高タンパクな品種と高度な製粉技術が融合したことで、全粒粉でありながらグルテンがしっかり引き出され、驚くほどふんわりと焼き上がります。特にクーロンヌの場合は、成形を最低限に押さえているため歯切れよく、全粒粉パンでありながら意外性のある軽やかな食感が味わえます。

砂糖のかわりに、みりんを加えたのもおいしさの秘訣。コクのあるみりんのおかげで、味が一気に深まります。全粒粉の場合は生地が締まりやすいので、みりんの水分で生地がほどよくゆるみ、しっとり食べやすく変化するのもメリットです。

しっとり感を増幅させるため、油脂も配合しています。私は素材の風味を邪魔しない太白胡麻油がお気に入りですが、表現したい味によって、油脂の種類は自由にアレンジ可能です。

■ 基本の配合

全粒粉（きたのまるこ［日清製粉］）　1000g
水　800g
みりん（三州三河みりん［角谷文治郎商店］）　100g
塩（淡路島の藻塩）　15g
セミドライイースト
　（サフ セミドライイーストゴールド）　7g
太白胡麻油［竹本油脂］　100g

■ 温度・時間　捏上温度 24℃

| 一次発酵　室　温 30分
冷蔵庫 12 時間 |
| 分　割 |
| ベンチタイム　1 時間 |
| 成　形 |
| 二次発酵　150 分 |
| 焼　成 |

4 捏ね上げ温度は 24℃、夏場は 23℃。

5 ホイロで 30 分発酵させる。ホイロの設定は 28℃、湿度 75%。

基本の作り方

1 ミキサーに水、全粒粉、塩、みりん、セミドライイーストを入れ、低速で3分、高速で10分ミキシングする。このとき、水は100gほど加えずに残しておく。

全粒粉100%なので、通常よりもつながるのに時間がかかる。生地温度が上がりづらいよう、水に氷を加えて温度を調整しておくとよい。

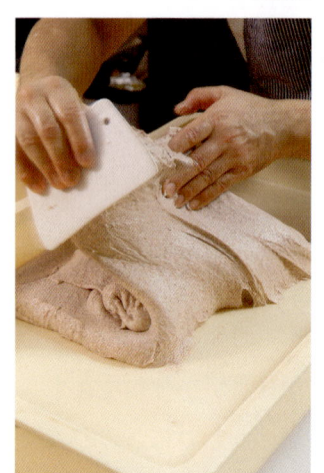

6 パンチを行う。

カードを使って四方から生地を折りたたみ、軽く伸ばす。生地に力があるので、パンチは1度にとどめ、歯切れよく仕上げる。

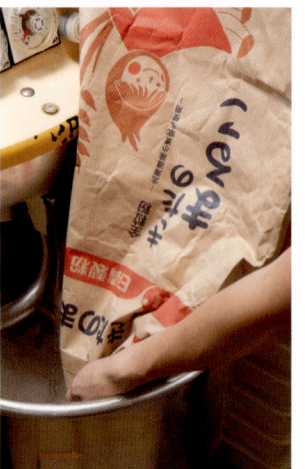

2 ある程度つながったら残りの水を加え、高速で4分ほどミキシングする。

水は2回に分けて加えることでミキシング時間を短縮できる。

7 5℃の冷蔵庫で12時間寝かせる。

3 8割程度までつながったら太白胡麻油を少しずつ加え、低速で2分、高速で3分ミキシングする。

少量ずつ合わせることで効率よく混ぜ込める。表現したい味に合わせ、油はオリーブオイルやバターに変更してもよい。

8 生地の表面に粉をふり、番重から裏返して取り出す。400gに分割し、生地を折りたたむ。

手粉や空気が生地の中に入らないよう注意し、生地を半分に折りたたむ。台に押しつけてガスを抜く。

9 とじ目を上にして生地を巻き込み、俵型に整える。

10 両手で生地をすくうようにやさしく丸める。

この丸めで成形時の美しさが決まるのでていねいに行う。ただし、触りすぎてコシをつけすぎないように。

11 番重にのせ、押さえてガスを抜く。気泡はピケでつぶしておく。ベンチタイムを60分とる。

12 全体に粉をふって生地を取り出し、中央に大きく穴を開ける。オーブンペーパーの上に移す。

指で穴をあけ、さらに肘で穴を広げる。

13 直径9㎝のカップにオイルスプレーをかけておく。

14 生地の穴にカップを押し込み、形を整える。カップをつけた状態で二次発酵を60分行う。

15 焼成時にカップを取り、全体にまんべんなく粉をふる。

16 上火250℃、下火230℃のオーブンで15〜17分焼成する。スチームは生地を入れる直前と直後に入れる。

クリーム・パン・コンプレ

全粒粉ならではの香ばしさとカスタードクリームの意外な相性が楽しめる個性的なクリームパン。目の詰まった独特の食感が斬新で、食べ応えがあります。

焼成前に「すぐに使える かける本バター」を表面に塗り、ひと口目にバターのリッチな香りを楽しめるように工夫しました。隠し味に少量ふりかけた塩が、クリームの甘味をさらに引き立てます。

分 割

A できるだけ粉を巻き込まないように丸め、台に押しつけてしっかりガスを抜く。再度軽く丸めてガスを抜き、ベンチタイムをとる。

成 形

B 生地を台に押しつけ、ガスを抜きながら平らに伸ばす。

C 生地の真ん中にカスタードクリームを絞る。

D 生地を手に持って半分に折りたたみ、端をつまんでとじる。

■材料（パン1個分）

パン・コンプレ生地　70g

カスタードクリーム（80ページ）　60g

すぐに使える かける本バター［ミヨシ油脂］　適量

塩（フルール・ド・サレ）　適量

■作り方

1　パン・コンプレの基本の作り方（1〜8）と同様に生地を作る。

2　生地を70gの正方形に分割して丸め、叩いてガスを抜く。

3　ベンチタイムを60分とり、カスタードクリームを包んでバルケット形に成形する。

5　二次発酵を60分行う。

6　表面にかける本バターを塗り、中央にハサミで切り込みを2か所つなげて入れる。フルール・ド・サレを軽くちらす。

7　上火250℃、下火230℃のオーブンで11〜12分焼成する。スチームは生地を入れる直前と直後に入れる。

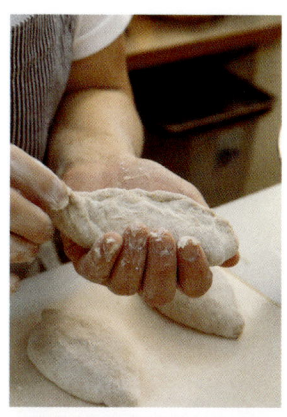

E 手にのせて包むことでクリームが流れ落ちず、うまく包める。

F 両端を尖らせてバルケット形に整え、とじ目を下にしてオーブンペーパーにのせる。

パン・オ・レザン・コンプレ

みりん漬けにしたコクのあるレーズンを、カスタードクリームと一緒に巻き込みました。
「食物繊維豊富なパン・コンプレなら、おやつパンでも罪悪感をなく楽しめる」と好評です。
そのまま焼くとみりんの効果でレーズンが焦げてしまうので、ベーキングカップをかぶせてオーブンに入れ、表面を保護しながら焼き上げます。

■材料（パン1個分）

パン・コンプレ生地　500g
カスタードクリーム(80ページ)　150g
みりん漬けサルタナレーズン　250g

■下準備

1　サルタナレーズン［戸倉商事］は湯水で洗って柔らかくし、水分を絞る。

2　レーズン500gに対してみりん50gを加えて混ぜ合わせ、レンジで加熱してみりんを染み込ませる。完全にさましてから使用する。

■作り方

1. パン・コンプレの基本の作り方（1〜8）と同様に生地を作る。
2. 生地を500gに分割して俵形に丸め、叩いてガスを抜く。
3. ベンチタイムを30分とる。
4. 麺棒で長方形に伸ばす。
5. カスタードクリームを3か所に分けて塗り伸ばし、みりん漬けサルタナレーズンを全体にちらす。
6. 端から巻き、軽く転がして筒状に形を整える。
7. 6等分し、断面を上にして紙製のベーキングカップにのせる。
8. 二次発酵を60分行う。
9. 上面に紙製のベーキングカップをかぶせ、上火250℃、下火230℃のオーブンで13分焼成する。スチームは生地を入れる直前と直後に入れる。

D みりん漬けサルタナレーズンをまんべんなくちらし、押さえて接着する。

E 生地の両端を霧吹きで濡らし、できるだけ空気が入らないようにくるくると巻く。端を指でつまんでとじ、軽く転がして形を整える。

A 長方形に分割した生地を四方からやさしく折りたたむ。軽く転がして俵形に整え、とじ目を下にして押さえて厚みを均一にする。成形時に麺棒で伸ばすので、分割ではできるだけコシをつけないように意識して作業を行う。

F とじ目を下にし、包丁で6等分する。

成　形

B 粉をふり、麺棒で縦25cm、横20cmの長方形に伸ばす。

G 紙製のベーキングカップの上にのせ、軽く押さえる。全体を霧吹きで湿らせ、二次発酵させる。

C カスタードクリームを3か所に分けて横に絞り、パレットで塗り伸ばす。このとき、上下の端は4cmほど塗らずに残しておく。

焼　成

H ベーキングカップを上からかぶせて焼成する。カップをかぶせることで、みりん漬けレーズンも焦げずに美しく焼き上げられる。

もち麦とレーズンのパン・コンプレ　クミン風味

分割・成形でできるだけコシをつけず、ドイツパンのようにずっしりと目の詰まった食感を目指しました。生地にもち麦とレーズンも加え、重厚さをさらに強調しています。

レーズン入りですが甘味はきかせず、生地の表面にクミンシードをふりかけて、オリエンタルな香りを漂わせています。食事パンとして楽しんでいただきたい一品です。

■材料（パン1個分）

パン・コンプレ生地　1kg
国産蒸しもち麦[マルヤナギ小倉屋]
　　200g
サルタナレーズン[戸倉商事]
グレープフルーツピール
　（グレープフルーツカット5ミリA
　　[うめはら]）　100g
クミンシード　適量

■作り方

1　パン・コンプレの基本の作り方（1〜4）と同様に生地を作り、蒸しもち麦、サルタナレーズン、グレープフルーツピールを混ぜ込む。

2　パン・コンプレの基本の作り方（5〜9）と同様に一次発酵とパンチを行う。

3　生地を750gに分割し、俵形に丸める。

4　ベンチタイムを60分とる。

5　ブレッド形に成形し、食パン型に詰める。

6　二次発酵を40分行う。

7　クミンシードを表面にふりかけ、型にフタをする。

8　上火250℃、下火230℃にオーブンを温めておき、生地を入れたら上火を消して40分焼成する。スチームは生地を入れる直前と直後に入れる。

混ぜ込み

A 具材はあらかじめすべて混ぜ合わせておく。

B レザンレザン（32ページ）と同様にカードで生地を切って重ね、具材を混ぜ込む。分割しやすいよう、半分に切り分けて押し伸ばしておく。

分割

C 半分に折りたたみ、端をつまんでとじる。軽く転がして俵形に整える。

D 番重にのせ、押しつけてガス抜きする。目の詰まったどっしりとした食感に仕上げたいので、なるべくコシをつけないように意識する。

成 形

E 生地を半分に折りたたみ、端をつまんでとじる。

F とじ目を下にし、俵形に軽く形を整える。とじ目を下にして型に入れ、型の中でパンチをする。全体に霧吹きで湿らせ、二次発酵させる。コシをつけないよう、成形では1度だけ折りたたむ。

焼 成

G 焼く前に表面にたっぷりクミンシードをふる。

職人たちの個性が融合した
コラボパンの世界

10年ほど前から、関西を中心とする気鋭のパン職人たちと定期的に勉強会を開いています。毎回テーマに合わせてメンバーが生地を持ち寄り、その場で実際にパンを作りながらお互いにアイデアを出し合って、季節のイベントに合わせた商品の開発や、新しい生地づくりなどを一緒に学んでいます。

勉強会の中で実験的に試みているのが、2人の職人の生地を組み合わせて、新たなパンを生み出す「コラボパン」です。その場にある生地を即興で組み合わせるコラボパン作りは、ジャズのセッションさながらの刺激的な時間。それぞれの個性が出会うことで、想像もしていなかった斬新な味や食感が生まれることも多く、毎回新しいおいしさを発見できます。勉強会での驚きをヒントに、店でも異なる生地を組み合わせたコラボパンを提供するようにもなりました。ここでは、ともに切磋琢磨を続ける勉強会メンバー3人とのコラボパンを紹介します。

Collaboration1

雨の日も風の日も　小島秀文シェフ

パン・アモン

小島シェフが手ごねで作るバゲット生地は、水分が非常に多く、柔らかくなめらか。誠実で細やかな作業を得意とする小島シェフらしい、バゲットでありながら繊細なおいしさが魅力の生地です。

そこに、ミルク感たっぷりのパン・オ・レ生地を組み合わせ、相反する生地の食感を楽しめ

るパンに仕上げました。パン・オ・レ生地にはチョコレートペーストを練り込み、ゴルゴンゾーラチーズと塩漬けの生こしょうでアクセントをきかせています。生地同士を重ね合わせてねじることで、具材がほどよく分散するだけでなく、焼き具合にも変化がつき、食感にもコントラストが生まれます。

火の入り具合が真逆の生地なので、パン・オ・レ生地が焦げつかないよう、下火だけで間接的にじっくりと火を入れていくのがポイントです。

■材料

手ごねのくるみ生地(168ページ)　適量

パン・オ・レ生地(128ページ)　1kg

チョコレートペースト(154ページ)　150g

生アンコールペッパー (塩蔵タイプ) [FOREST JAPAN]　20g

ゴルゴンゾーラチーズ(冷凍ダイス)　適量

イベリコ豚ベーコン　適量

■作り方

1　手ごねのくるみバゲット(1〜5)を参照し、手ごねのくるみ生地を作る。

2　パン・オ・レ生地(1〜3)を参照して生地を作り、チョコレートペーストをミキサーの低速で練り込む。

3　レザンレザン(32ページ)を参照し、2のパン・オ・レ生地に生アンコールペッパーを混ぜ込む。パン・オ・レ生地(4〜7)と同様にパンチと一次発酵を行う。

4　手ごねのくるみ生地を80g、パン・オ・レ生地を110gの長方形にそれぞれ分割する。

5　パン・オ・レ生地の上にゴルゴンゾーラチーズをスプーン1杯分のせ、霧吹きで生地を湿らせる。

6　チーズの上にイベリコ豚ベーコンをのせ、全体を霧吹きで湿らせ、手ごねのくるみ生地をのせる。

7　生地の真ん中に横方向に切り込みを入れる。棒状に伸ばしてねじり、リング状に丸める。オーブンペーパーに並べる。

8　上火250℃、下火230℃にオーブンを温めておき、生地を入れたら上火を消して11分、上火を250℃に設定してさらに6〜7分焼く。スチームは生地を入れる直前と直後に入れる。

混ぜ込み

A チョコレートペースト入りのパン・オ・レ生地には生アンコールペッパーを広げ、生地を切って重ね、まんべんなく混ぜ込む。

D 生地の真ん中に切り込みを入れる。

成　形

B パン・オ・レ生地の中央にゴルゴンゾーラチーズとベーコンを一列にのせる。

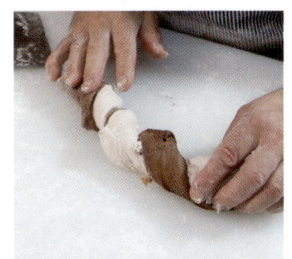

E 切り込みの両端を持ち、転がして伸ばしながらねじる。ねじることで具材がまんべんなく行き渡る。

C 手ごねのくるみ生地を上からかぶせ、軽く押さえて接着する。あらかじめ霧吹きで濡らしておくとうまく接着できる。

F 丸めて形を整える。端は下に入れ込む。

コラボで使用した小島秀文シェフの生地

手ごねのくるみバゲット

西川シェフがパン作りで大切されている「無作為」という言葉を自分の中で咀嚼し、シェフに対する心からのリスペクトを込めて作ったのがこのバゲットです。

無作為を「作為をできるだけ排除し、自然の力に身を任せる」と解釈し、自分が扱うパンの中でもっともそのワードにふさわしいと考えたのが、ミキサーを使用しない手ごね生地でした。

捏ね上げ時にあえてグルテンを出さず、低温長時間発酵でゆっくり自然にグルテンを引き出すことで、特有のもっちり感と歯切れのよさを両立しています。捏ね上げでグルテンを出す必要がないため、クルミははじめから混ぜ合わせています。

成形には「コム・シノワ」での修業中に、私がもっとも衝撃を受けた名作パン「流木」の手法を用いました。クープを入れずに、かわりにとじ目を上向きにして焼成する西川シェフ独自の方法に、パン作りの固定概念を見事に打ち砕かれたことを今でも鮮明に覚えています。

この成形方法を用いると、焼成時の開き具合がパンごとに異なり、それぞれのパンに個性が宿ります。これも「無作為」ならではの魅力です。

雨の日も風の日も　小島秀文

■ 配合

準強力粉(Fナポレオン)　100g

モルトシロップ　0.2g

ドライイースト(サフ インスタントドライイースト赤)　0.15g

塩(淡路島の藻塩)　2g

水　88g

クルミ(皮つき)　23g

■ 下準備

1　クルミは180℃のオーブンでローストし、ザルの上で余分な皮を取り除いておく。
2　モルトと塩はあらかじめ水に溶かしておく。

■作り方

1 ボウルにすべての材料を入れ、粉気がなくなるまでカードで切るように混ぜる。

2 ホイロで20分発酵させたら、カードを使って生地を8回ほど中央に寄せるようにパンチする。

3 2の工程を3回行う。

4 冷蔵庫で低温発酵を一晩行う。

5 28℃の場所で2時間復温させる(生地温度17〜18℃)。

6 200gの長方形に分割する。

7 軽く叩いてガスを抜き、2cmほど端をずらして折りたたむ。軽く台に押しつける。

8 生地の半分にオリーブオイルを塗り、オイルの上に塩をごく少量ふる。

9 やさしく丸めて棒状に伸ばし、米粉をふったキャンバス地に布取りする。

10 全体を霧吹きで湿らせ、二次発酵を30分行う。

11 上面にまんべんなく粉をふり、閉じ目を上にしてスリップピールに移す。軽く形を整える。

12 上火250℃、下火230℃で15分焼成する。スチームは生地を入れる直前と直後に入れる。

<table>
<tr><td> 分割・成形 </td></tr>
</table>

A 一晩低温発酵させた生地。グルテンが引き出されてしっかりつながっている。ほのかに色づいているのは、クルミの色素によるもの。

D オイルを塗った面が内側になるように丸めて軽く転がし、棒状に伸ばす。

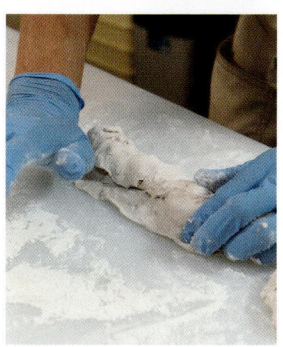

B 分割した生地を端を少しずらして折り込む。

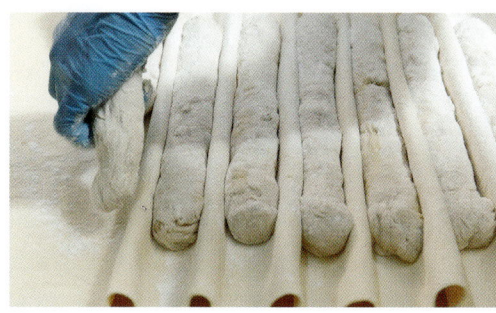

E 米粉をふったキャンバス地に布取りする。

C 下側の生地にオリーブオイルを塗り、オイルの上に塩をふる。隠し味の塩がうま味を引き立てる。

コラボで使用した小島秀文シェフの生地

手ごねのくるみバゲット

KOBAYASHI BREAD LABORATORY　小林健吾シェフ

パン・クロレ

ひとつひとつの工程を徹底的に分析し、科学的な見地から斬新なパンを生み出す小林シェフは、まさに「パンの研究者」。米麹でグルテンを分解したという高加水パンは、焼き上がったものを1週間以上冷蔵庫に入れておいても、焼きたての時と遜色のない柔らかくもっちりとした独特の食感を維持しており、大変驚きました。

そんな米麹の高加水パンで、「パッチワーク」のカラフルな生地を包み、2色パンにしてみました。見た目の美しさだけでなく、ハードパンのガリっとした外皮と、食パンのしっとりとした内側の食感との対比が楽しいコラボパンです。

■ 材料

米麹のパン生地(174ページ)　110g
パッチワーク(106ページ)の生地4種　各60g
さつまいものシロップ煮(7mm厚さの輪切り)　適量
セミドライプルーン　適量
セミドライいちじく　適量
セミドライアプリコット　適量

成　形

A 米麹のパン生地の上に、各種の具材をのせる。

B 丸めたパッチワーク生地を具材の上にのせる。

■作り方

1 京七味のチーズと米麹のパン(1〜6)を参照し、ごまと京七味チーズを加えずに生地を作る。

2 パッチワーク(1〜8)を参照し、4種類の生地を作る。

3 米麹のパン生地を110gに分割し、粉を巻き込まないようにやさしく丸め、とじ目を上にして台に押しつけ、平らにする。

4 さつまいものシロップ煮、プルーン、いちじく、アプリコットを米麹のパン生地の上にそれぞれのせる。

5 パッチワーク生地をそれぞれ60gに分割して丸め、とじ目を上にして4の上にのせる。組み合わせは、さつまいものシロップ煮にはパンプキン生地、プルーンには黒ごま生地、いちじくにはトマト生地、アプリコットにはほうれん草生地。

6 米麹のパン生地で包み、端をつまんでとじる。

7 とじ目を下にして布取りし、二次発酵を15〜20分行う。

8 表面にまんべんなく粉をふり、ハサミで十字に切り込みを入れる。

9 上火250℃、下火230℃で15分焼成する。スチームは生地を入れる直前と直後に入れる。

C 米麹のパン生地を四隅から真ん中で重ねてパッチワーク生地を包む。

E 全体に粉をふり、ハサミで十字に切り込みを入れる。

D パッチワーク生地が完全に隠れるように包んで中心をとじ、とじ目を下にして二次発酵させる。

京七味のチーズと米麹のパン

パン業界の常識をいくつも変えてきた西川シェフは、私にとって憧れの存在です。シェフの哲学を吸収したい一心で、ご著書を読み込み、講習会にもほぼすべて参加してきました。ここで紹介する米麹のパンは、健康的なパンを熱心に研究されている西川シェフの姿にインスパイアされて考案したものです。

「身体にやさしいパンを自分のフィルターを通して表現したい」。そう考えて辿り着いたのが、地元・京都に根づく発酵文化を取り入れた米麹の高加水パンでした。

小麦粉の一部に米麹を加えることでグルテンを分解・糖化させ、パンがふくらむぎりぎりまでグルテンを減らして焼き上げます。ハードな見た目とは裏腹に、独特のとろけるような口溶けが特徴的です。

低グルテンのパンは消化しやすく、胃や腸に負担をかけづらいため、健康効果が期待できます。また、砂糖を使わず、はちみつを2％だけ加えて糖質の摂りすぎにも配慮しました。それでも、米麹のうま味とグルテンの糖化で引き出した自然の甘味のおかげで、コクのある味わいに仕上がっています。

ここでは、京都名物の「京七味」をまぶしたゴーダチーズを包んで焼き上げ、さらに京都のパンらしい和洋折衷のおいしさを表現しました。

KOBAYASHI BREAD LABORATORY　小林健吾

■配合

強力粉(やわらエール)　900g

セミドライイースト　0.5g

天然塩　23g

太白胡麻油　30g

はちみつ　20g

モルトエキス(ユーロモルト)　5g

水　400g

米麹種　下記全量

足し水　100〜150g

金ごま、黒ごま　各10g

京七味チーズ　パン1個につき25g

＊ 京七味チーズは、ゴーダチーズ(ダイスカット)1000gに対し、
　　京七味5gを混ぜ合わせたもの。

■作り方

1 ミキサーに米麹種、足し水、京七味チーズ以外の材料を入れ、低速で5分、中速で10〜12分ミキシングする。

2 米麹種、足し水を加え、さらに中速で3分ほどミキシングする。2種のごまを加えて軽く混ぜ合わせる。

3 捏ね上げ温度は22〜24℃（室温24.5℃）。

4 ホイロで20分発酵させ、1回目のパンチを行う。ホイロの設定は27℃、湿度75%。

5 さらに20分の発酵とパンチを繰り返し、合計3回パンチを行う。

6 18℃で15〜18時間発酵させる。

7 300gに分割する。

8 生地を薄く伸ばし、京七味チーズを15gずつのせて包む。

9 さらに京七味チーズを10g足し、包んで俵形に成形する。とじ目を下にして布取りする。柔らかい生地なので、型崩れしないようにドレープで支える。

10 ホイロで40〜50分二次発酵を行う。

11 全体にまんべんなく粉をふり、斜めに3本クープを入れる。

12 上火250℃、下火230℃のオーブンに入れて5〜6分焼き、温度を上下ともに20℃ずつ下げ、さらに15〜20分ほど焼成する。合計で20〜25分焼成する。スチームは生地を入れる直前に1回、直後に2回入れる。

米麹種

■材料

小麦全粒粉　100g

シードミックス　150g

水　500g

米麹パウダー　30g

■作り方

1 小麦全粒粉、シードミックス、水を鍋に入れ、混ぜながら約70℃まで温める。

2 火を止めて約60℃まで温度を下げ、米麹パウダーを加えて均一になるまで混ぜ合わせる。

3 粗熱が取れたら冷蔵庫で一晩寝かせる。

成 形

A 分割した生地に京七味チーズを15gのせ、上下から生地を折りたたむ。

B 京七味チーズを追加で10gのせる。

C 今度は左右から生地を折りたたみ、まんべんなく具材を行き渡らせる。

D とじ目を押さえ、軽く転がして俵型に整える。

焼 成

E オーブンペーパーにのせ、クープを斜めに3本ずつ入れる。

コラボで使用した小林健吾シェフの生地

京七味のチーズと米麹のパン

あこうぱん　鈴木　誠シェフ

パン・ねじり

人と人とのつながりを大切にし、地域の盛り上げ役となっている鈴木シェフ。人との出会いや日々の暮らしの中で感じたことを、パンの世界で自由に表現しており、まるで詩人のような感性を持つ彼のパンには、ひとつひとつに物語性を感じます。私が尊敬する「コム・シノワ」の荘司シェフにもっとも近いのが彼かもしれません。

ここで紹介する湯種のミルクパン生地も、兵庫県・赤穂市の素材から生まれた地域に寄り添うパン。甘くてやさしいこの生地に、あえて全粒粉100％の辛口なコンプレ生地を組み合わせ、双方の特性を引き立て合うパンを作ってみました。ミルクパン生地には、甘さ控えめの蒸しあずきをちらして食感に変化をつけています。蒸しあずきが持つ素朴さとやさしい味わいが、ふたつの生地をつなぐ役割も果たします。

■材料

赤穂パン生地(180ページ)　150g

パン・コンプレ生地(156ページ)　100g

蒸しあずき(ほの甘あずき[マルヤナギ小倉屋])　適量

太白胡麻油[竹本油脂]　適量

塩(フルール・ド・サレ)　適量

■作り方

1　赤穂パン(1〜5)を参照して生地を作る。

2　パン・コンプレ(1〜9)を参照して生地を作る。

3　赤穂パン生地を150gの正方形、パン・コンプレ生地を100gに分割し、それぞれ真ん中に切り込みを入れて同じ長さの棒状に伸ばす。

4　赤穂パン生地の上に蒸しあずきをふり、パン・コンプレ生地を上から重ねる。

5　霧吹きで濡らして生地同士を接着し、全体に太白胡麻油を塗る。

6　逆方向からねじり、オーブンペーパーにのせる。

7　二次発酵を40分行う。

8　全体に霧吹きで湿らせ、パン・コンプレ生地にだけ塩をふりかける。全体にまんべんなく粉をふる。

9　上火250℃、下火230℃でオーブンを温めておき、生地を入れて上火を消し、12〜13分焼成する。スチームは生地を入れる直前と直後に入れる。

A 赤穂パン生地の上に蒸しあずきをちらす。

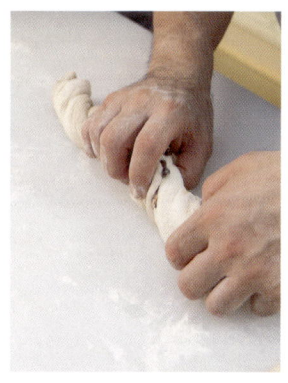

C 太白胡麻油を表面に塗り、両端から逆方向にねじって形を整える。

B パン・コンプレ生地を上からかぶせて接着する。あらかじめ霧吹きで濡らしておくと接着しやすい。

D パン・コンプレ生地にのみ塩をふり、オーブンペーパーにのせて二次発酵させる。

コラボで使用した鈴木　誠シェフの生地

赤穂パン
あかほ

地元・兵庫県赤穂市の酪農家「丸尾牧場」さんの搾りたての生乳を熱湯処理して湯種にしたミルク生地は、ふわふわもちもちとした優しい食感と、生乳ならではの濃厚なミルク感が持ち味。生地の中にバターを包み、型の中にもバター風味オイルを入れて焼き上げることで、バターのよい香りをきかせ、ミルク感をいっそう際立たせています。

仕上げには、赤穂の伝統的な天日塩作りを継承している「赤穂化成株式会社」さんにオーダーメイドで作っていただいたオリジナルの天日塩「誠塩」をふりかけました。この塩は、あえてサイズの異なる粒子を組み合わせているのが特徴です。粒子の大きさによって口溶けのスピードが異なるため、持続的に塩味を感じることができ、味の余韻が深まります。

この塩パンは、地元の生産者の方々が手塩にかけて作った食材がなければ生まれなかった、まさに「赤穂の味」。西川シェフが、地元の生産者の方々や身近でがんばっている人々をいつも応援されている姿に感銘を受け、私も地元の方々への感謝と応援の気持ちを形にしたいと思い、このパンを完成させました。常に新しい挑戦を続け、全速力で走り続ける西川シェフは、私にとって、永遠のロールモデルです。

あこうぱん　鈴木　誠

■配合

強力粉(金象)　800g

上白糖　40g

天日塩(赤穂の天塩[株式会社　天塩])　20g

ドライイースト(サフ インスタントドライイースト赤)　7g

練乳　100g

水　500g

水(バシナージュ用)　80g

牛乳湯種　500g

食塩不使用バター(高千穂バター)　60g

改良剤(BBJ)　5g

食塩不使用バター(高千穂バター)　パン1個につき5g

すぐに使える　かける本バター[ミヨシ油脂]　適量

天日塩(あこうぱんオリジナル(誠塩)[赤穂化成株式会社])　適量

■作り方

1 ミキサーに粉、上白糖、塩、イースト、水（水温9℃）、練乳、改良剤を入れ、低速で4分、中速で1分ミキシングする。

2 牛乳湯種を加え、低速で4分ミキシングしたら、バシナージュ用の水を加えて中速で6分ミキシングする。

3 バターを加え、低速で4分ミキシングする。捏ね上げ温度は27.3℃（室温28℃）。

4 ホイロで60分発酵させる。ホイロの設定は30℃、湿度75%。

5 生地を50gに分割し、やさしく丸める。ベンチタイムを15分とる。

6 生地を台に押しつけてガスを抜き、バターを5gずつのせて包む。

7 直径5cmの円形型にかける本バターを入れ、生地をとじ目を下にしてのせる。

8 二次発酵を45分行う。

9 表面を霧吹きで湿らせ、ハサミで十字に切り込みを入れる。誠塩をふりかける。

10 上火200℃、下火210℃で16分焼成する。スチームは生地を入れる直前と直後に入れる。

牛乳湯種

■材料

牛乳　300g

強力粉（金象）　200g

上白糖　30g

■作り方

1 すべての材料を混ぜ合わせて温め、とろみをつける。完全にさましてから使用する。

成形

A 丸めてガスを抜いた生地に正方形に切ったバターをのせる。

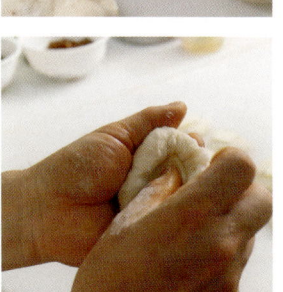

B バターを指で押さえながら生地で包んでやさしく丸める。

C シルパンにはかける本バターを少量ずつ入れておき、バターの香りを増幅させる。

D 丸めた生地をとじ目を下にしてシルパンにのせ、二次発酵させる。

焼成

E 焼く前にハサミで小さな十字の切り込みを入れ、オリジナル塩の「誠塩」をふりかける。

新時代の ベーカリーを 支える力

パン作りに必要なものは、確かな技術と、それを支える良質な素材

新たな挑戦を支える素材と、

その可能性を広げるパートナーを紹介します。

「すぐに使える かける本バター」
「パンテオンセレクトバターリッチ」

すぐに使える
かける本バター

パンテオンセレクト
バターリッチ

「かける本バター」はオランダ産バターオイルを 67.5％、植物油脂 32％を配合している。常温保存可能で液状のため手間なく使え、パンにかけるだけで深いコクとツヤを与える。焼成前の生地や焼きたてのパンに塗ると、表面にしみ込み、バターリッチな風味が広がる。「パンテオンセレクトバターリッチ」はバター 30％以上を含み、乳脂肪分 56％の油脂。バターとミルク感のバランスがよく、贅沢な味わいと扱いやすさが特長。どちらも乳等を主要原料とする食品で、幅広い用途に対応できる。

ミヨシ油脂株式会社

\\ シェフのコメント //

「すぐに使えるかける本バター」は、生地の小さな隙間に簡単に注入でき、しみ込みやすいのでバターの豊かな風味がパンに広がる。

「太白胡麻油」
「太香胡麻油」

太白胡麻油

太香胡麻油

料理、製菓製パンのジャンルを問わず、数多くのプロから高い支持を得ている「マルホン胡麻油」。ごまを生のまま搾る「太白胡麻油」は、香りは無く豊かなごまのコクとすっきりとした後味が特長で、素材の持ち味を生かす万能オイルとして製パンにも最適だ。「太香胡麻油」は、一般的なごま油よりもおだやかな焙煎感で、上品な香り立ちが特長。コクと風味のバランスが良く、様々な調理に活用できる。

竹本油脂株式会社

\\ シェフのコメント //

マーガリンやショートニングにはない質の高い油脂。後味がよく、組み合わせる素材の持ち味をいかすことができる魅力は大きい。

「太白」は竹本油脂の登録商標です。

「トレハ®」
「ファイバリクサ®」

TREHA® Web

Fibryxa® 紹介

「トレハ®」は糖質トレハロースの商品名で、澱粉に酵素を作用させて作られた自然由来の糖質だ。食品の品質の維持・改善効果に優れ、パンの美味しさを長持ちさせる。一方、「ファイバリクサ®」は国産の水溶性食物繊維で、無色透明・ほとんど甘さがないため素材の色や味を損なわず配合でき、美味しく食物繊維を補うことができる。どちらも幅広い食品や飲料に利用可能で、美味しさと機能性を支える製品だ。

ナガセヴィータ株式会社

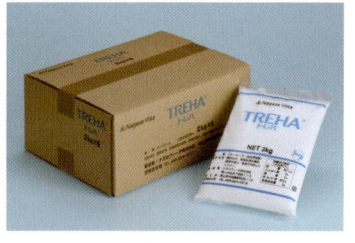

\\ シェフのコメント //

トレハ®は生地の老化を抑えたり、冷凍してパンもやわらかさが保てる…など、パンづくりの中で新たな発見がまだまだある。

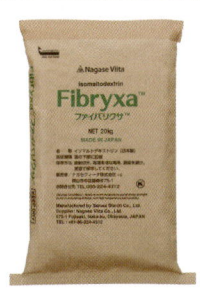

「トレハ」「TREHA」「ファイバリクサ」「Fibryxa」は日本におけるナガセヴィータ株式会社の登録商標です。

「萬燈」
（ばんとう）

滋賀県産小麦「ミナミノカオリ」を使用した小麦粉。滋賀県にある比叡山延暦寺の灯火の願いにちなみ、多くの人に一隅を照らすことができればという思いで「萬燈」と名付けた。風味に優れた小麦粉で、もっちりした食感を出せるため、バゲットなどハード系のパンに最適だ。内容量は 25kg のほか、10kg もある。

旭製粉株式会社

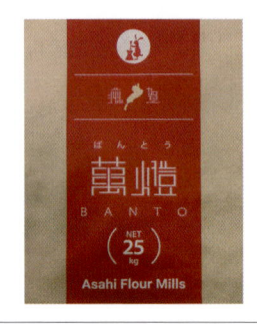

豆乳発酵食品「マメマージュ」
豆乳クリームバター「ソイレブール」

不二製油 HP

マメマージュ

従来の豆乳にはない機能をもった、パンのおいしさに貢献する豆乳加工食品。「マメマージュ」は、低脂肪豆乳でつくったクリームチーズのような発酵食品。パン生地に練り込むことで、しっとり口どけのよい食感を付与します。そのままスプレッドとして直食することも可能。「ソイブレール」は、豆乳クリームでつくった植物性バター様素材で自然な旨みとすっきりした口溶けが魅力。味わいそのままにシート状にした「ソイレブールシート R」は折り込み用途に最適（ポンド状のソイレブールとは配合が異なります）。

不二製油株式会社

「ハルユタカ 100」

高品質な希少品種「ハルユタカ」を贅沢に 100％使用した、北海道産小麦粉（国産強力粉）。ハルユタカは、北海道・石狩管内有数の小麦産地である北海道・江別市の中でも有名な品種で、高タンパクかつ風味豊か。きめが細かく口溶けの良い、ネチャつきがでにくいソフトな食感の、素材の味を引き立てるパンに仕上がる。

江別製粉株式会社

「ソフトグレイン」
「ハーモニー・スブリモ・ヌートル PF」

 ソフトグレイン

 ハーモニー・スブリモ・ヌートル PF

はと麦や黒米など、五種類のグレインを発酵種でやわらかく炊き上げた「ソフトグレイン」。前処理なしに混ぜるだけでパンに食物繊維や彩りをプラスできる。
「ハーモニー・スブリモ・ヌートル PF」はナパージュで、加水・加熱不要で使え、フルーツの鮮度を保ちながらツヤを与え、保存料不使用で甘味も抑えられていて素材本来の味を活かしてくれる。

ピュラトスジャパン株式会社

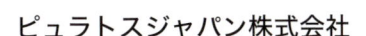

「ライ麦全粒粉（ハンコック）」
「北海道ゆめちから」

「ライ麦全粒粉（ハンコック）」は十勝産ライ麦ハンコックを100% 使用した全粒粉で、生地全般にブレンドして使用できる。独自の製粉技術で栄養豊富で風味豊かな生地を実現している。「北海道ゆめちから」は超強力系小麦で、弾力とボリュームのあるパンが作れ、高い吸水性とミキシング耐性が特徴。ブレンドすることでバラエティ豊かなパンをつくることができる。

アグリシステム株式会社

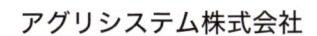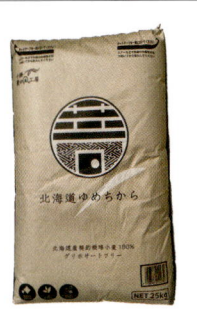

「Brise de mer BEURRE FERMENTÉ（発酵バター）」
（ブリーズ ドゥ メール　ブール　フェルマンテ）
「北海道脱脂濃縮乳」

 発酵バター

 脱脂濃縮乳

「ブリーズ・ドゥ・メール ブール フェルマンテ」は、フランスの伝統製法を採用した発酵バターで、芳醇な香りと奥深いコクが特徴。製菓や製パンに使用することで、生地に風味とリッチな味わいを与える。「北海道脱脂濃縮乳」は生乳から脂肪分を取り除き、濃縮した乳素材。パンや焼き菓子では脱脂粉乳に比べしっとりとした仕上がりと深いコクを加え、練り込みや時短調理に対応。幅広い用途で活躍する。

タカナシ乳業株式会社

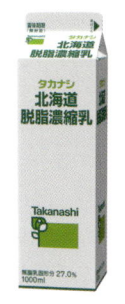

「石臼挽全粒粉 WJ-15」 「PremiumT」
「焙煎 全粒粉（粗挽）」 「九州産米米粉 H」

それぞれ独自の特長でパン作りを豊かにしてくれる。「石臼挽全粒粉 WJ-15」は香りが良く栄養価が高い石臼挽全粒粉。「PremiumT」は、熊本産「ミナミノカオリ」を使用したハード系や長時間発酵パンに最適な小麦粉。「焙煎 全粒粉（粗挽）」は焙煎技術で香ばしさを引き出し、粒感が食感に個性が加わる。「九州産米米粉 H」は、もちもちの食感と口溶けの良さが特長の米粉で、パンの新たな可能性を広げてくれる。

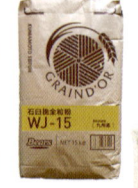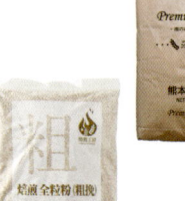

熊本製粉株式会社

「きたのまるこ」

北海道産小麦を 100% 使用した強力タイプの小麦全粒粉。こだわりの製粉方法で、粒感を残しながらも加水率の高さを実現。パンに配合した際、従来の全粒粉と比較すると加水が多く入り、えぐみが少なく、しっとりもっちりとした食感のパンに仕上がる。生地がまとまりやすいので作業性が向上する点もメリット。また、全粒粉でありながら、高配合でもパンが膨らみやすい。

日清製粉株式会社

ウーヴリエ 北野坂	瀬戸内レモンミンス 4mm カット	生アンコールペッパー （塩蔵ペッパー）
株式会社増田製作所	株式会社松山丸三	株式会社 FOREST JAPAN

中沢乳業株式会社		株式会社サンクラフト

あとがき

　振り返ってみると、私の原動力となったのは「パン作りが好き」という気持ち以上に「誰かに喜んでもらうこと」だったように思います。その気持ちを優先していくうちに、いつの間にか、店でも原価度外視でひたすらにおいしさを追求するようになっていきました。

　そんなわがままな私の気持ちを汲み、どうしたらこのパンをお客様に喜んで買い求めていただけるかを考え、お客様と私をつなぐ架け橋となってくれた妻・文は、サ・マーシュの一番の功労者です。本当にありがとう。

　今日まで、私がパン職人として幸せな人生を歩んでこられたのは、これまで支えてくれたたくさんの人々のおかげです。関わってくださったすべての方へ、改めて心からの感謝を捧げます。

　本書が、誰かの喜ぶ顔へとつながることを願っています。

いつも協力してくれる気のいい仲間たち

プロフィール

西川 功晃
にしかわ　たかあき

1963年京都生まれ。広島「アンデルセン」で4年間修業後、東京「オーボン・ヴュータン」でフランス菓子を学ぶ。東京と芦屋の「ビゴの店」では、フランスパンの神様といわれたフィリップ・ビゴ師に師事した。この頃、フランス料理を軸に新しい料理を展開する「コム・シノワ」の荘司索オーナーシェフと出会い、料理、パン、菓子など食をトータルで提供する夢を共有する。フランス・マルセイユでの修業を経て、1996年に荘司シェフとともに「ブランジェリー コム・シノワ」、続いて「ブランジェリー コム・シノワ アンド オネストカフェ」をオープン。斬新なパンを次々と発表し、パン業界に大きな衝撃を与えた。2010年に独立し、「サ・マーシュ」をオープン。パンの世界大会「モンディアル・デュ・パン」では、第2回大会に日本代表として出場。「ベスト・オブ・モンディアル・デュ・パン」ではコーチとして日本を世界一に導く。"ハートブレッドプロジェクト"など社会活動のほか、パン技術の発展を目指し、新進気鋭のパン職人と共に勉強会を開催している。著書に『パンの教科書』『パンのお料理』『パン屋さんのつくり方』（いずれも旭屋出版）など多数。

•　•　•

Ça marche
兵庫県神戸市中央区山本通 3-1-3
電話　078-763-1111

神戸・三宮　Ça marche

西川 功晃

素材から生まれる
パンの技術と感性

8種類の生地と 62 種類のバリエーション

発行日　　2025 年 2 月 18 日　初版発行

著　者　　西川 功晃
発行者　　早嶋 茂
制作者　　井上 久尚
発行所　　株式会社旭屋出版
　　　　　〒 160-0005
　　　　　東京都新宿区愛住町 23-2 ベルックス新宿ビル II 6 階

　　　　　販売部 TEL 03(5369)6423
　　　　　　　　 FAX 03(5369)6431
　　　　　編集部 TEL 03(5369)6424
　　　　　　　　 FAX 03(5369)6430
　　　　　広告部 TEL 03(5369)6422

郵便振替　00150-1-19572

旭屋出版ホームページ　https://asahiya-jp.com

印刷・製本　TOPPAN クロレ株式会社

■編集責任　　永瀬正人
■取材・構成　木村奈緒（オフィス SNOW）
■撮影　　　　東谷幸一
■デザイン　　小森秀樹